朝日新書
Asahi Shinsho 850

防衛事務次官
冷や汗日記

失敗だらけの役人人生

黒江哲郎

朝日新聞出版

はじめに　防衛省を去る日のこと

２０１７年７月28日付で事務次官の職を辞し、足掛け37年に及んだ私の防衛省勤務は終わりました。入庁以来数えきれないほどの失敗を犯し、それら一つひとつから教訓を得て次の仕事につなげてきたつもりだったのですが、役人人生の最後の最後に南スーダンＰＫＯ日報問題という大失敗が原因で辞職することになりました。

パソコンの強制終了のような格好の悪い辞め方になってしまったので、最後の日は目立たないように退庁しようと考えていました。次官が退任する際には、通常、離任式と栄誉礼、儀仗についで見送り行事が行われますが、当然のことながら全て辞退しました。自分を支えてくれた多くの職員さんたちに挨拶する機会を失ったことは心残りでしたが、停職処分を受けての自己都合退職なので仕方ないとあきらめていました。

ところが、夕方防衛省本館の11階から1階までエレベーターで降りて、扉が開いた途端に目にしたのは、大勢の職員が玄関ロビーに並んでいる姿でした。一瞬何が起きたのかわかりませんでしたが、事務次官室チームの皆がサプライズで見送りを準備してくれていたのです。

ロビーを抜けて車寄せまで歩いていくわずかの間でしたが、長く一緒に仕事をしてきた多くの後輩や職員の人たちに挨拶ができた上、こんな辞め方にもかかわらず拍手で送り出して頂いたことには心から感動しました。辞職直前の1週間ほどは自らの進退を含めて問題の収拾のためずっと張りつめた気持ちで過ごしていたのですが、みんなの顔を見た瞬間に緊張が解け、車寄せで秘書さんから花束を受け取った時は、こみ上げるものをこらえるのに苦労しました。

その後、車で官舎まで送って頂き玄関に入ろうとしたところ、猛スピードでわれわれを追ってきた1台の車がありました。「黒江さん!」と呼びながら駆け降りてきたのは、苦しい仕事を一緒に切り抜けてきた二人の若い後輩たちでした。役所で機会がなかったため、わざわざお別れの挨拶をしに追いかけてきてくれたのでした。これには感動のあまり感謝の言葉もろくに言えませんでした。

役人人生の最初の失敗は今でも鮮明に覚えています。1981年(昭和56年)の入庁と同時に、防衛力整備の中期計画を担当する防衛局計画官室に配属されました。庁内で「瞬間湯沸かし器」として有名だった厳しい計画官（課長）の下で、「56中業」という中期計画の策定作業に当たりました。

入庁して数日後、外線に「56中業について聞きたいことがあるので計画官でも誰でもいいからつないでくれ」という電話がかかってきました。たまたまその電話をとった私は、深く考えることもなく計画官本人に取り次いでしまったのです。計画官が応答するにふさわしいような内容ではなかったらしく、電話を終えた途端に「なんでこんな電話を俺に取り次ぐんだ！」と激しい剣幕で怒鳴られました。マスコミ関係者からの電話だったのではなかったかと思います。とりあえず保留にして周囲にいる先輩に対応を聞けばよかったのですが、入庁直後で緊張していて気が回りませんでした。防衛局計画官室の指導体制は殊の外厳しく、口の悪い職員の間で「クレムリン」などと呼ばれていました。入庁したてでいきなり怒鳴られ通し、叱られ通しの1年半を過ごし、早々に「修羅場」の洗礼を受けることとなったのです。

その後も数限りない不出来や不始末を積み重ね、最後はやはり南スーダンＰＫＯ日報問題という失敗で役人人生の幕を閉じました。役所を辞してから4年が経ち、最後にしでかした失敗についてもある程度自分の中で整理をつけられるようになりました。これを機に、役人人生の中で失敗したこと、叱られたこと、うまくいかなかったことなどを振り返り、そこから得られた教訓を取りまとめてみることにしました。

若い人たちが私の失敗をできるだけリアルに疑似体験することにより、そうした失敗を繰り返すことなく、より多くの成果を上げてくれたらこれ以上喜ばしいことはありません。

また、政策、とりわけ安全保障政策などと言うと、一般の人たちには政府という大きな組織が無機質に決定していると捉えられているように感じます。

しかし、その組織は生身の人間で構成されていて、それぞれの人間が滑ったり転んだり、踏まれたり蹴られたり、失敗を繰り返しながらも努力を積み重ねて政策を作り上げているのです。

本書を通じて、読者の方々にそうした政策決定過程の実態をお伝えできればと思います。

また、本書はおおむね私の役人人生のキャリアを時系列でたどる形で構成しており、その時期に起こった様々な出来事について、私が経験したこと、考えたことについてもまとめています。

第1章は、1981年の入庁から部員、防衛庁長官秘書官の時代。この時代には、東西冷戦の終結、阪神淡路大震災や地下鉄サリン事件、沖縄の普天間基地返還合意などがありました。

第2章は、1999年の運用局（現統合幕僚監部に統合）運用課長から内閣参事官の時代。東海村JCO臨界事故、9・11米国同時多発テロ、イラク戦争などがありました。

第3章は、2007年の大臣官房審議官から防衛政策局次長の時代。民主党政権下での事業仕分け、普天間代替施設の検証、オスプレイの沖縄配備などがありました。

第4章は、2012年の運用企画局長（現統合幕僚監部総括官）から大臣官房長などを経て、2017年7月に防衛事務次官を辞職するまでです。平和安全法制の成立が大きなトピックです。

そして第5章では、防衛事務次官を辞職する契機となった南スーダンPKO日報問題について、私自身の反省をこめて振り返っています。

読者のみなさまの関心のある出来事のところから読んでいただくのもよいと思います。

なお、これから紹介するそれぞれの事例には、たくさんの方々がかかわっておられます。それらの出来事について私とは違った印象や意見をお持ちの方々もおられると思いますが、本書はあくまでも私自身の個人的な印象を述べたものだということでご理解頂ければ幸いです。

防衛事務次官　冷や汗日記

失敗だらけの役人人生

目次

第2章　結果を意識した課長、内閣参事官時代　77

第3章　難問に体を張り続けた審議官、次長時代　

第5章　南スーダンPKO日報問題

凡例

・本書は、「市ヶ谷台論壇」(https://ichigayadairondan.org) に2020年12月1日から2021年8月17日まで連載され、その後朝日新聞社のウェブサイト「論座」に2021年2月25日から9月9日まで転載された「失敗だらけの役人人生」を大幅に再構成し、加筆訂正をほどこしたものです。

・特に断りのない限り、( ) は著者による注を表す。

図表作成:鳥元真生

第1章　不器用にもがいた部員、秘書官時代

ベルリンの壁崩壊＝1989年11月10日（写真：Pool CHUTE DU MUR BERLIN/Gamma-Rapho via Getty Images)

いかにうまく挟まるか

「うまく板挟みになるんだ」

「板挟みになりながら自分が泳ぐ余地を確保するのが大事なんだ」

1981年4月1日の夜、初めての「社会人飲み」に誘ってくれた防衛庁の先輩上司が、六本木のとある居酒屋で杯を傾けながら語った言葉です。同じ職場に配属された同期生とともに上司の教えに神妙に耳を傾けていたのですが、その日に役人としてのスタートを切ったばかりの私には何のことやらチンプンカンプンでまったく理解できませんでした。

私は入庁と同時に防衛力整備（自衛隊が必要とする装備品等の整備・調達）の5カ年計画の策定を担当する防衛局計画官室という課に配属されました。この課は、ごく大雑把に言えば、事業主体である陸海空の各幕僚監部（防衛庁で陸海空別に自衛隊を管理する制服組の組織）と議論して防衛力整備計画の案を策定し、財政当局との間でその案について調整を行い、関係各方面がみな納得する内容と金額の計画を策定することを任務としていました。

「みんなが納得する」と言うのは容易ですが、実現するのは簡単なことではありません。われわれに「板挟み」を教えてくれたのは、当時計画官室の先任部員（課のナンバー2）を務めておられた経験豊富な先輩でした。

防衛力整備は、各幕（各幕僚監部）と大蔵省（当時）の双方にそれぞれ正当な動機と主張がある中で、双方ともに受け入れ可能な線で折り合いをつけねばならないという典型的な「板挟み」の仕事です。間に立つ人は、間違っても双方にいい顔をしてはなりません。各幕に対して「その要求は満額必ずとれる」と言い、大蔵省に対して「その金額の中でおさめられる」と言い続け、両者がともに過剰な期待を抱いた挙句、調整しきれずご破算になるというのが最悪の結果だからです。

調整者は、双方に対してやや渋い顔をして「あなたの主張は理解するが完全勝利は無理ですよ。どこかで妥協が必要ですよ」と説得することで、板挟みになりながらも自分が泳げるスペースを作り出さなければなりません。そうやって作ったスペースの範囲内で、改めて双方に対していわゆる「落としどころ」の案を打診し、関係者の本音と許容可能な（あるいは不可能な）ぎりぎりのレッドライン（譲れない一線）を見極めながら、徐々に両者が納得できる線へ軟着陸を図っていくのです。

最初はこうした仕事のやり方を理解できませんでしたが、防衛力整備部門での調整を幾度となく経験し、徐々に実感できるようになりました。さらに、その後の役人人生の中では様々な場面で板挟みに遭いました。それらの多くは苦い失敗で、いかにうまく板に挟まるかということが役人の大きな課題だと身をもって思い知らされることになりました。

「名刺変えろ！」の先制パンチ

私は防衛庁と防衛省の37年に及ぶキャリアの中で、自衛隊の運用を担当する様々な部門に部員、課長そして局長として合計5年間勤務しました。これに内閣全体の危機管理を司る内閣官房安全保障・危機管理室（安危室）での2年間の勤務を加えると、合わせて7年間にわたり北朝鮮のミサイル発射や大規模災害、重大事故などの事態対処の仕事を担当したことになります。事態対処の部署は、失敗と教訓の宝庫でした。

最初に配属されたのは、入庁して6年目の１９８６年6月、防衛局運用課研究班の部員ポストでした。「部員」というのは防衛省特有の名称で、旧軍の「参謀本部員」に由来するとされており、他省庁の課長補佐に相当します。運用課は自衛隊の部隊運用に関する政策を担当しており、研究班では有事対応や日米共同対処などについて研究していました。

当時、ソ連のアフガン侵攻以来再び冷戦が激化していましたが、極東における東西の対峙構造はまだまだ安定しており、自衛隊の実動と言えば領空侵犯を防ぐためのスクランブル待機・発進や災害時の救援派遣に限られていました。後年、国連ＰＫＯを始めとして自衛隊が活動する機会が増えるにつれて危機管理や事態対処の業務の比重も増していったのですが、この頃はまだ目前の危機への対応よりも将来起こるかも知れない事態への対処に関する検討・研究が運用課の中心業務でした。

そんな運用課に着任して間もない頃、初めての課長説明の時のことです。自分が担当していた各自衛隊の年度防衛計画についての説明だったのだと思いますが、記憶はもはや定かではありません。とにかく、私が説明している途中で急に課長の顔つきが険しくなったかと思うと、いきなり「名刺を見せてみろ！」と怒鳴られたのです。

私が戸惑いながら「防衛庁部員黒江哲郎」と印刷された名刺を出すと、「こんな説明しかできないなら『防衛庁部員』なんて肩書はやめて『内局部員』に変えろ！」と叱りつけられました。何が課長の気に障ったのかわからず、その後は説明を続けようとしても取り付く島もなく、ほうほうの体《てい》で課長室から転がり出てくるのがやっとでした。

当時、私も含めて内部部局（防衛政策の企画・立案を担当する本省の組織。通称「内局」）のシビリアン（文官）の間では、防衛問題に関して国会やマスコミで追及されないように自衛隊を厳しく管理するという雰囲気が支配的で、有事に必要となる制度を整備したり、現場のニーズを施策化したりするという積極的な意識は希薄でした。一方で、私を叱った課長はちょっと変わっていて、内局のキャリア文官であるにもかかわらず「内局」あるいは「内局的な考え方」が嫌いという「難しい人」であることが徐々にわかってきました。

その後、その課長が内局のことを「仕事しない局」「政策ない局」などと揶揄するのを頻繁に耳にしました。また、先輩が「いま自衛隊の計画を審査しています」と言ったところ「何だ、その審査っていうのは」といきなり怒りだした場面にも出くわしました。

そうした経験を通して、「名刺を変えろ」というのは、新米部員に対して「自分たちがやらねばならない仕事をよく考えろ」という先制パンチだったのかなと考えるようになりました。自衛隊に対するネガティブチェックが仕事だという小姑のような感覚は捨てろ、課題に正面から向き合い自衛隊のあるべき姿を考えて仕事するのが本当の「防衛庁部員」だ、という意味だと理解しました。

自衛隊の「あるべき姿」とは

しかし、この「あるべき姿」が難問でした。それが何なのかなかなかわからず、その後何度も課長の虎の尾を踏むことになりました。

その頃、各幕僚監部の中には「自衛隊には有事の際に敵と戦うために必要な権限が与えられていない」とか「国を挙げて有事に対処するために必要な法制や方針が定められていない」というような不満がありました。こうした各幕の考え方に寄り添えということかと思って有事法制が整備されていないといった問題を提起すると、「ないものねだりだ」「不平不満ばかり言っていても何も変わらない」と叱責されました。

また、自衛隊の図上演習シナリオについて「自己満足だ」と叱られたこともありました。当時は、外国から侵略されて自衛隊が行動を開始する際の細かい手続きや要領が定まっていなかったため、その部分は演習のシナリオから除かれていました。しかし、実際に侵略が発生するような場合には、兆候を察知し、防衛庁長官や総理大臣まで情報を伝達し、国会の承認を得るとともに、関係省庁の協力も得ながら自衛隊を動かさなければなりません。本来なら演習などを通して必要な手続きや要領を検討し、整備していく必要があるのですが、それをせずに「国が悪い」と言って思考停止していても何の意味もありません。

他方で、実際に法律を整備するには実務的に作業しているだけでは足りず政治レベルの機運の盛り上がりが必要ですが、自衛隊を違憲とする日本社会党（当時）が野党第一党であり続けたいわゆる55年体制の下ではそのような機運は到底期待できませんでした。そのためとてもフラストレーションの溜まる毎日を過ごしていましたが、1987年頃、新中央指揮システムの仕事に携わってからようやくヒントを得ることができました。

この当時、防衛庁は六本木にあった庁舎を市ヶ谷に移転しようと計画しており、市ヶ谷新庁舎における中央指揮システム（防衛庁中央のオペレーションルーム並びにこれと自衛隊の主要部隊などを結ぶネットワーク）の設計が課題となっていました。

当初、私は漠然と統合幕僚会議（かつて陸海空自衛隊の統合運用を担った組織）や各幕が部隊を動かすためのシステムとして考えていたのですが、課長の虎の尾を何度か踏んでいるうちに総理大臣や防衛庁長官の意思決定を支援するためのシステムだと考えるようになりました。部隊指揮官のレベルではなく総理や防衛庁長官が自衛隊の行動についてどうやって意思決定するのか、という点こそが課長の問題意識なのではないかと思い当たったのです。

本人からは明確な答えは示されなかったので私の勝手な解釈だったのかも知れませんが、そうした意識で仕事をするようになってからは少なくとも叱られる回数は減りました。

自衛隊の行動は総理や防衛庁長官の命令に基づくものであり国家の意思を体現するものだという考え方は、今でこそ政府内外に広く共有されていますが、30数年前には防衛庁内でも明確には意識されておらず、各幕と共有するのにも長い時間を要しました。

２０００年に庁舎の市ヶ谷移転が完了した際には、われわれの議論を踏まえて防衛庁長官や場合によっては総理大臣も活用できるような新中央指揮システムが完成しました。しかし、オペレーションルームなどの施設は完成しても、総理の意思決定を支えるスタッフ組織の充実、情報機能の充実強化、統合運用の強化などは依然として課題として残され、平成時代の30年間を通じて徐々に整備されていきました。

ちなみに当時私を叱った大森敬治運用課長は、２００４年に内閣官房副長官補として事態対処法制（有事法制）の立法作業を担当されました。

「脱」パワー系にこだわる

私が入庁した頃、内局の文官は「内局が各幕をコントロールしている」という強い意識を持っていました。後年の防衛省改革会議報告書が指摘した「内部部局の文官が（シビリアンコントロールの）役目を代行してきた」ことで生まれた意識、と言えるかも知れません。

また、当時の防衛庁の中心的な仕事は予算を獲得して防衛力を整備することだったため、省全体の取りまとめ役の内局が事業要求側の各幕僚監部よりも強い立場に立ちやすい構図がありました。これらが相まって、各幕との間では理屈と説得による丁寧な調整よりも、査定側の権限を背景にした強気の手法が幅を利かせていました。

さらに、私の目には、物事を強引に進めるパワー系調整術にたけた人が人事的にも評価されているように映りました。私自身はパワー系の強気な調整には抵抗感があり、内局の雰囲気に対して一種の気後れを感じながら過ごしていました。

入庁から数年が経ち部員になった頃、ふと「自分のやり方でどこまで行けるのか、自分自身と賭けをしてみようか」と思い立ちました。パワー系のやり方ではなく、あくまでも相手と友好的な雰囲気を保ちながら極力説得によって理解を得る、頭ごなしに相手の考えを否定しない、合意形成を大事にする、長幼の序を大切にしながら調整するといった自分流のやり方でどこまで生き延びられるか、とことん試してみようと考えたのです。

始めてみると、自分の流儀を貫くことは覚悟していた以上に困難でした。私のやり方は信頼関係作りには有用ですが、丁寧に議論する必要があるため時間がかかります。これに対して、パワー系の強引なやり方は効率的に素早く結論にたどり着くことが出来ます。とかく仕事の速さが重宝される風潮の中、私のやり方は理解されづらく、部員時代には上司の審議官から「君、ふにゃふにゃしていて頼りないなあ」と面と向かって言われたことがありました。またある時には、局長から「もっと自分が、自分が、というのを出した方が良い」と言われたこともありました。

しかし、自分の流儀は改めませんでした。と言うよりも、改めることができませんでした。役人人生を終えてみて、無理にパワー系調整術を真似なくて良かったというのが率直な気持ちです。自分の流儀を貫くのには手間暇がかかりましたが、そのお陰でポジティブ・コミュニケーションを始め様々な技を身につけることができましたし、何よりもその都度カウンターパートと信頼関係を築くことができました。

ある自衛官からは「有事になったら最初に爆弾を落とす先は内局だ、内局は敵だと先輩から教えられたけれども、こうやってよく話し合ってみると全然違うことがわかった」と言われました。さらに、別の自衛官からは「黒江さんはわれわれの主張をちゃんと聞いてくれる。でも、なんだかんだ議論しているうちに、何となく黒江さんの言う通りになっちゃってるんだよね」と言われたこともありました。

これらの言葉には皮肉や外交辞令が混じっているとは思いますが、必要なことを言い合える関係を作れた証と受け取れそうなので、最高の褒め言葉と考えるようにしています。

F15ミサイルの誤発射

ようやく運用課部員としての仕事に慣れた1986年9月4日の朝、スクランブル発進しようとした百里《ひゃくり》基地所属のF15戦闘機に搭載した空対空ミサイルが誤発射され、基地内に着弾して破裂するという事故が発生しました。

発生は朝の8時半頃だったにもかかわらず、官邸報告やマスコミへの公表は午後になってから、しかも地元住民からの問い合わせを受けてようやく公にされたという、今なら到底許されないようなおっとりした対応ぶりでした。事故の報告は午前中に防衛庁本庁へ伝えられ善後策を検討する会議が開かれたのですが、事実関係を確認しないと責任を持って報告や公表はできないという議論だったように記憶しています。

その日の午後、「カミソリ」の異名で知られた当時の後藤田正晴内閣官房長官が詳しい説明を求めているとの連絡が入り、防衛庁の官房長が対応することとなりました。その際、運用課からも誰か一緒に来いと言われ、たまたま手が空いていた私が同行することとなりました。総理官邸の官房長官室へ入るのは私にとって初めての経験でした。

官房長官は、われわれが入室するなり「とにかく第一報が遅すぎる」とわれわれと官房長官秘書官を厳しく叱責されました。冷静な随行者なら後から長官の発言をできる限り克明に思い出して役所に報告するところですが、私はテレビでしか見たことがなかった後藤田官房長官の顔を初めてナマで見たという興奮と緊張で舞い上がってしまい、最初の一言くらいしか覚えておらず、帰庁してから相当冷やかされました。

いま仮にミサイルの誤発射という深刻な事故が起きて同じような対応をしたとしたら、「なぜ官邸への報告が遅れたのか」「なぜ公表まで半日もかかったのか」「事故を隠蔽しようとしたのではないか」等々、防衛庁や総理官邸の危機管理体制の甘さが強く批判されたことでしょう。当然、官邸の防衛庁に対する叱責もずっと厳しいものになっていたものと思われます。しかし、当時は「やはり自衛隊は危険な存在」といった批判が主で、危機管理面の指摘はほとんどありませんでした。ある意味牧歌的な時代でした。

ともかく、民間に被害が及ばなかったのは不幸中の幸いでした。

自衛隊初の警告射撃

翌1987年12月9日の午後、運用課に航空幕僚監部の作戦室から1本の電話がかかってきました。空自担当の部員が席を空けていたため、私がたまたま電話をとったところ、受話器から「先ほど沖縄本島上空で領空侵犯を行ったソ連軍機に対して警告射撃を実施しました」という緊迫した声が飛び込んできました。

自衛隊の歴史上初めてソ連機相手に実弾を使用したことを告げる電話だったのですが、聞いた瞬間は内容を即座に理解できずに呆然としたというのが正直なところです。われに返った後は事実関係の確認、関係部署との連絡、対外応答要領の作成等に忙殺されることとなりました。当時の運用課は総勢で10人余りの小ぶりな組織だったので、何か事態が生じると担当業務にかかわらず全員が一体となって対応するという気風がありました。

本件も発生直後から国会やマスコミで大きな議論となり、課員総がかりで対応することになりました。マスコミなどでは、当初、実弾の使用が適法であったか、射撃が安全に行われたかなど空自戦闘機側の行動が適切だったかという点に関心が集まりました。しかし、事実関係の確認が進み、領空を侵犯したソ連軍の電子偵察機Tu－16（バジャー：NATOのコードネーム）の行動が極めて特異で悪質だったことが明らかになるにつれ、議論の焦点はスクランブル機がもっと強い措置をとれなかったのかという点に移りました。

空自戦闘機は、ソ連機の沖縄本島接近に対して直ちにスクランブル発進し、無線で呼びかけたり機体を振って合図を送ったりして領空に入らぬよう警告しましたが、ソ連機はこれを無視して飛行を続け、沖縄本島上空と沖永良部島－徳之島間の領海上空を三度にわたって侵犯しました。従来の領空侵犯は島嶼部周辺の領海上空をごく短時間かすめるようなものが大半でしたが、本件は領海のみならず沖縄本島に所在する米軍基地や自衛隊基地の上空を横切る形で7分間にわたって飛行するという特異なものでした。

空自戦闘機は信号射撃を三度行いましたが、残念ながら効果はなくソ連機は飛び去り、政府は速やかに外交ルートを通じてソ連に厳重に抗議しました。ソ連は悪天候と計器の故障による事故と説明し、後日搭乗員を処分したことを公表しましたが、これだけでも当時のソ連としては異例の対応でした。

もともと保守的な世論の中には、自衛隊機がスクランブル発進を繰り返しても領空侵犯を完全には防ぎ切れないことや、事後に外務省が相手国政府に抗議してもうやむやで終わるケースが多いことに対する不満がくすぶっており、ソ連機の行動が特異で悪質であったことが判明すると、より厳格で効果的な領空侵犯対処を自衛隊に求める声が上がりました。

当時われわれの上司だった西廣整輝《にしひろせいき》防衛局長は「ミスター防衛庁」と呼ばれたレジェン

ドでした。西廣局長は、防衛庁・自衛隊が創設された2年後の1956年に防衛庁採用のキャリア第2期生として入庁して以来、優れた行政手腕を発揮して早くから頭角をあらわし、他省庁からの出向者ばかりだった防衛庁の中で生え抜き組のエースとして注目を集めました。広い視野と柔軟な発想の持ち主で、課長時代には防衛に関する画期的な政策文書である「51大綱」の取りまとめに当たるなど数々の業績を上げ、与野党問わず政治家からも厚い信頼を得ていました。

局長は翌日の国会審議で「われわれにとっては遺憾な領空侵犯事件である」「極めて遺憾である」と繰り返し答弁しました。後で本人が語っていたところによると、武器使用などを正面から議論してこなかったのを防衛庁だけのせいにするのは筋違いで、政治の怠慢でもあるという意図を込めて「遺憾だ」と答えたとのことでした。

一方、事務方のわれわれは、「住民に被害を与えないように海上で射撃した」とか「相手に危害を加えないように射撃した」とかとりあえず問題にならないような無難な国会答弁を書くことしか頭にありませんでした。

本事案を冷静に考えれば、対領空侵犯措置で行動している空自機が不測事態に臨んで具体的にどこまで武器を使用できるのかを議論しマニュアル化する大きなチャンスだったわけです。政治レベルにも責任を分担してもらいながらそのチャンスを生かそうという局長のしたたかな姿勢は、まだ若手部員だった私の目にはとても新鮮に映りました。

突然降ってきた米国調査出張

防衛省在職中、いくつか大きな仕事に携わる機会を頂き、大事を成就させる際には大義を信じこれを推進しようという信念を持ったキーパーソンが必ず存在するということに気づかされました。最初に経験したのが情報本部の設立でした。

1983年9月1日の朝、テレビで米国ニューヨークを飛び立って韓国ソウルへ向かっていた大韓航空機007便が北海道北方沖で行方不明になったというニュース速報が流れました。入庁3年目だった私は、研修のため泊まり込んでいた部隊でこの知らせを聞きました。当初、「樺太に強制着陸させられた」とか「ハイジャックされた」、「ソ連に撃墜された」といった様々な憶測報道が流れましたが、そのうちに米国から「ソ連軍機が007便を撃墜した」との発表がなされました。

その数日後、国連安保理の席上でソ連軍機と地上管制官との無線によるやり取りの録音が流され、ソ連軍機が大韓航空機を撃墜したことが明らかになりました。動かぬ証拠を突きつけられたソ連は撃墜を認めざるを得ず、国際社会の中で更に孤立を深めました。同時に、ソ連を追い込んだこの無線を傍受したのは自衛隊の情報機関だったことも公表されました。その頃情報部門に勤務していた同期生がそれを聞いて「やった！」と言っているので、理由を聞いてみると「調別《ちょうべつ》が良い仕事をしたんだよ」という答えが返ってきました。私が「調別」という聞きなれない機関のことを知ったのは、この時が初めてでした。

大韓航空機撃墜事件から5年近く経った1988年3月上旬のある日、防衛局運用課の部員だった私は上司の運用課長に呼ばれました。当時担当していた統合運用強化の話かと思って課長室に入ったところ、渡された資料には運用ではなく情報組織の統合案が記されていました。事と次第を飲み込めないまま課長から「この夏に調査第1課に異動して統合情報組織の設立を担当してもらう。ついては今月末から米国の情報組織を勉強してきてほしい」と言い渡されました。聞けば統合情報組織というのは、当時の西廣防衛局長が、総理などの意思決定に防衛庁の情報をより有効に生かしてもらうために発案したとのことでした。寝耳に水の話で、さらに英語には全く自信がなかったため戸惑いましたが、私に拒否権などありませんでした。

「英語なんて度胸や」？

私がまだ若手だった昭和末期の時代、内部部局のキャリア職員には英語研修の機会などが一応は与えられていました。しかし、人事院から防衛庁に割り当てられていた留学枠が少なかったこともあり、留学経験者は1~2年に一人程度しかいませんでした。また、当時のメインストリームだった防衛力整備に携わる人たちの間には「自分たちの仕事の相手は各幕や大蔵省であり、留学経験や英語能力など必要ない」というような意識がありました。自らを「ドメ派」と称し、殊更に英語能力を軽んじる人たちもいました。

私自身も当時は英語や海外留学にはあまり関心を持っておらず、入庁3年目に受けた英会話研修の成績が冴えなかった上、その後も仕事で英語を使う機会が乏しかったこともあり、「語学よりも仕事の中身だ」などとうそぶきながら結局真面目に英語を勉強しないまま日々を過ごしていました。

ところが、唐突に命じられた米国情報機関の調査出張の際に一挙に不勉強のつけを払わされることとなりました。役所も派遣は命じたものの私の乏しい英語力に懸念を持ったらしく、米国留学経験のある陸幕の二佐が同行してくれました。

この調査出張は最初から波乱含みで、搭乗便の成田出発が遅れたためロスで乗り継ぎ便を逃し、スーツケースだけがワシントンDCへ送られてしまったのです。われわれは身一つで西海岸に取り残され、翌朝「Red Eye Special」(深夜便)でDC入りする羽目になり、先行きに暗雲が垂れ込めたのを感じました。

悪い予感は的中し、最初の2週間は文字通りの地獄でした。ナチュラルスピードの英語がちっとも理解できず、山ほどブリーフィングを受けても理解できるのは3割ほどでろくに質問もできず、まして夕食会などでのソーシャルな会話には全くついていけないという日々が続きました。周囲が全て外国人という環境そのものに大きなストレスを感じ、平常心で会話することもできず、同行してくれた二佐の方におんぶに抱っこの状態でした。

ところが、ちょうど渡米2週間目の晩、ある米国人のお宅に招かれたことがきっかけとなって、頭の中の霧が一気に晴れることとなりました。その晩も緊張して重い気持ちで夕食会に臨んだのですが、先方のご夫人がとても辛抱強く私の拙い英語に付き合って下さったのです。その時唐突に、日本語の不得意な外国人が一生懸命日本語で話しかけてきたら、自分も同じように辛抱強く対応するだろうと気がつきました。

上手にしゃべれなくても相手が助けてくれれば会話は成立するのだ、とわかったのです。その晩以降は下手な英語でも会話が成立すれば十分だと開き直り、過度の緊張から解放されリラックスできたおかげで、聴き取りもしゃべりも格段に容易になりました。英語の達者な同期生がかねがね「英語なんて度胸や」と言っていたのを思い出し、こういうことかと初めて実感することができました。

調査出張から何とか無事帰国

そもそも米国本土に足を踏み入れるのも初めて、防衛庁の情報組織やその活動についてもほとんど知らず、英語も度胸だけ、という状態ですから調査はスムーズにはいきませんでした。しかし、米国側は防衛庁のこのプロジェクトに大いに関心を持っていて、国防情報局（ＤＩＡ：Defense Intelligence Agency）の情報官が付きっきりで米国国防省の様々な情報組織を連れ回してくれた上、文字通り手取り足取り米国の情報活動や予算の仕組み、組織統合の経験などを親切にブリーフしてくれました。４週間にわたる調査で到底覚えきれないほどの情報を頭に詰め込んで、４月末に帰国しました。

帰国するとすぐに西廣防衛局長に呼ばれ「何でもいいから考えていることを言ってごらん」と言われました。局長は25年も年次が離れた雲の上の存在で、私などまともに話をしたこともありませんでした。緊張しきって説明したのは、米国で教えられたことの受け売りでした。「Intelligence Cycle」、すなわち情報の要求→収集→分析→配布・報告というサイクルが重要であること、質の高い分析のためには様々な情報源から集めた情報を一つの分析組織に集約して「All Source Analysis」を行うのが効果的であることなどを話しました。30分ほどの説明が終わると、局長はぼそりと一言、「まあそういうことだよ」とおっしゃいました。よくわからないながらも、帰ってよいということだけは理解し、大汗をかきながら局長室を出ました。その後ほどなくして、調査第1課への異動を命じられました。

調査第1課に勤務し始めると、外国人と話す機会も多くなり、頻繁に外国出張や海外研修にも派遣されることになりました。しかし、実は改善されたのは度胸だけで、肝心の英語力は仕事ができるレベルまで底上げされていなかったため、研修や出張のたびにその現実を突き付けられ自己嫌悪に陥ることの繰り返しでした。

1年後、大蔵省から防衛庁へ出向してこられたばかりの畠山蕃《はたけやましげる》長官官房審議官（後に事務次官）の米国出張に随行させて頂きました。畠山審議官はドイツ駐在経験がありドイツ語ができ、英語も堪能だったため同行した私は楽をさせて頂いたのですが、旅の終わり頃に茶目っ気を発揮されて大いに焦りました。会議中に英語でしゃべっておられたのが突然日本語に切り替えて、私に向かって「通訳してくれ」と言われるのです。

当然のことながら結果は惨憺たるものに終わり、審議官も論評に困ったのか、「黒江は耳はいいな」と辛うじてフォロー（?）して下さいました。

統合情報組織の必要性と各幕の反対

調査第1課に配属されて情報実務を経験し、初めて例の「調別」、すなわち陸幕調査部調査第2課調査別室の力量を知ることとなりました。調別はいわゆる電波情報を収集・分析する機関で、戦略的に極めて価値の高い情報成果を生み出していました。そこで、この実務経験と米国での調査結果とを突き合わせつつ、防衛庁内の情報関係部署を情報本部に統合するプロジェクトに着手しました。

当初は庁内に存在する全ての情報関係部署を一元化しようという案からスタートしましたが、予想通り組織を吸い上げられる各幕の反対は強烈でした。前職の運用課で統合運用を担当していたので、「統合」という語に対する各幕の拒否反応は知っていたつもりでしたが、情報部門は運用部門の比ではありませんでした。ある人からは「運用部門で統合の種をまけば芽くらいは出るが、情報部門はペンペン草も生えない不毛の地だ」と言われました。最初はその言葉さながらの厳しい議論が延々と続きました。

当時、軍事情報の収集や分析、さらには政策決定者に対する報告に関しては、多くの問題がありました。各自衛隊は様々な情報収集器材を運用してそれぞれが関心を有する情報を収集し、分析していましたが、報告先は各幕僚長（陸海空の各自衛隊のトップの自衛官）や部隊指揮官にとどまっており、その成果が他の自衛隊との間で共有されたり、あるいは大臣や総理に報告されたりすることは稀でした。多様なソースから得られる情報がクロスチェックされる機会も乏しく、分析成果の質の向上につながることもありませんでした。

他方、国際情勢の流動化が進む中で、総理や大臣といった政策決定レベルにとって軍事情報の重要性は増加していました。調別が収集したソ連機の交信情報がソ連を窮地に追い込んだ大韓航空機撃墜事件はその典型例でした。自衛隊の各部隊や機関が収集・分析している軍事情報を総理や大臣へ日常的・継続的に報告するためには、総理や大臣との距離が従来以上に近いところへ情報組織を置く必要があります。このため、新たな統合情報組織に関するわれわれの当初案は、自衛官の最高位で大臣や総理に対する補佐機能を有する統幕議長（統合幕僚会議議長。現在の統合幕僚長の前身）の下に全ての情報部門を集約する、というものでした。自衛官である統幕議長の下に置くことで、組織を手放す各自衛隊側の反発を和らげたいという考慮も働きました。

戦略情報の一元化

各幕との間では、情報の統合の必要性や情報関係職員の処遇改善の議論を展開しましたが、すぐには理解を得られませんでした。統合情報組織の設立に反対する各幕の主張の背景には、「これまで営々と苦労して投資し、育て上げてきた組織を勝手に取り上げられるのには反対だ」という強い感情論がありました。しかし、「投資してきた」と言ってもそれはどこかの自衛隊のお金ではなく、国民の税金です。また、統合すれば総理や大臣に報告される情報の質が上がるだけでなく、結果として各自衛隊も恩恵にあずかることとなります。さらに、組織を統合して大きくすることで、高位のポストを増やすことも可能となり、従来あまり恵まれなかった情報専門家の処遇改善も実施しやすくなります。そういった議論を続けていくうちに、各自衛隊にとってのレッドラインも見えてきました。

長い議論の末、最終的に周辺国の装備の性能など戦闘に直結するような戦術情報機能は軍事作戦や兵器に精通した各自衛隊に残し、国際情勢全般や周辺地域の軍事情勢などのいわゆる戦略情報については一元化する、という方向となりました。これは米国防省内での区分にも合致していました。すなわち、戦略情報は統合組織であるＤＩＡが、戦術情報は各軍情報部がそれぞれ担当するという仕切りです。この結果、防衛庁の情報本部は調別を主体として内局、各幕の公刊資料分析部門や画像・地理部門などを加えたものとするという方向が決定されました。

こうして１９９７年1月に情報本部が正式発足しました。われわれの米国調査出張からほぼ10年後のことでした。当初の目標よりはかなり時間を要したため、残念ながら西廣次官は情報本部の発足を自らの目で見届けることなく退官され、逝去されました。しかし、「ペンペン草も生えない」と言われていた情報部門が運用部門に先駆けて組織統合を実現できたのは、次官の信念と熱意の賜物だったと思います。ちなみに、運用部門の統合については、情報本部設立から9年後の2006年に統合幕僚監部が創設されてやっと実現されることとなりました。

当初1600人規模でスタートした情報本部は、20年を経て2500人規模まで成長しました。現役時代、私は情報本部が作成する分析資料を愛読しており、組織が充実するにつれて分析の質が高まってきたことも実感していました。

東西冷戦の終結

冷戦の終結は、ソ連のアフガン侵攻開始からわずか10年後、私が1981年に防衛庁に入庁して8年しか経っていない時期の出来事でした。私の役人人生の「最初の8年間」が、東西冷戦の「最後の8年間」だったわけです。

8年目と言えば防衛庁では若手の部員で、その頃までには役所の仕事の基本的な考え方を一通り身につけることとなります。しかし、当時の私は「陸自師団の特科（砲兵）部隊に配属されている榴弾砲は何門か。それは何故か」とか「自衛隊は憲法上何ができないのか」あるいは「陸自部隊の駐屯地と分屯地の違いは何か」とかについてはスラスラ答えることができましたが、戦略的な課題については全く考えたことがありませんでした。

この頃、西廣次官が「これからは日米安保体制だけでいいのか、中国と同盟する選択肢はないのかも考えなければならない」と言ったというような噂が庁内に流れました。仮に本当にそうおっしゃったのだとしても中国云々が本気だったわけではなく、そのくらい柔軟に色々なことを考えよ、という趣旨だったのだろうと思いますが、私は到底そんな柔軟性は持ち合わせていませんでした。

これはもちろん私自身のセンスの問題ではありましたが、防衛庁の実務がなべて内向きだったことも一因だったように感じます。運用課に勤務していた頃、出向先の外務省から帰ってきた先輩が「外務省は有事官庁だからなあ。それに比べて防衛庁は……」とぼやくのを聞いたことがありました。

外務省は、常に変化を続ける国際情勢にリアルタイムで対応しなければなりません。また、経済官庁も日々動いている経済を相手に仕事をしています。これに対し当時の防衛庁の仕事は、予算の獲得や自衛隊の行動などに対するネガティブチェック、あるいは国会で問題とならないような無難な答弁作りなどが中心で、ダイナミズムに欠けるところがありました。このため、陰では政策や戦略に弱い「自衛隊管理庁」などと揶揄されていました。冷戦構造が維持されていて自衛隊の対応が求められるような場面がほとんどなかった時期にはそうした仕事ぶりでもよかったのですが、ベルリンの壁が崩れた後はそれでは済まなくなっていきました。

1990年8月、冷戦が終結し平和への期待が世界中に溢れていたところに早速冷や水を浴びせるようにサダム・フセイン率いるイラクが、突如クウェートに侵攻しました。米国は直ちに湾岸地域に軍を派遣するとともに、同盟国に資金拠出と共同行動を求め、翌1991年1月には国連安保理決議に基づき多国籍軍による湾岸戦争が開始されました。わが国も多国籍軍に自衛隊を派遣するよう強く求められましたができませんでした。それに代えて数次にわたり多国籍軍へ総額130億ドルに上る資金拠出を行いましたが、血も汗も流していないとして国際社会からは全く評価されませんでした。このため戦争終了直後の同年4月にペルシャ湾に残された機雷を処理するため海自の掃海艦艇を派遣することとなりました。これは自衛隊創設以来初めてとなる本格的な海外派遣でした。

翌1992年に国会へ提出された「国際平和協力法案」は、野党の牛歩戦術による抵抗に遭いながらも可決され、直後の9月に自衛隊は国連PKO協力第1弾としてカンボジアへ派遣されました。

この頃私は、調査第1課で情報本部の設立プロジェクトの調整に忙殺されながら湾岸対応で庁内が騒然とするのを横目で見ていました。自衛隊の海外派遣に直接携わる立場ではありませんでしたが、政府内の混乱した様子が否応なく耳に入ってきて、総理官邸幹部から「紛らわしいから防衛庁の幹部は官邸に来るな」と言い渡されたとか、ペルシャ湾に派遣する海自掃海艇を軍艦らしくない色に塗りなおす案が本気で検討されたとかという話を聞くたびにため息が出ました。さらに、法案の検討が進む過程で、憲法上の疑義を生じないように多国籍軍や国連ＰＫＯに派遣される自衛隊員の身分を一般職公務員に変えたり併任させたりするという「別組織論」が出てきました。同じ人間が同じことを行うにもかかわらず自衛隊員の身分でやると違憲になり、一般職公務員の身分でやると合憲になるという、いかにもその場しのぎの内向きの考え方には強い反発を感じました。

イラクのクウェート侵攻から湾岸戦争、掃海艇派遣、そしてカンボジアＰＫＯ派遣までの一連のプロセスを通じて、防衛庁内でも「国際情勢に対応して自衛隊が活動しなければならない」という意識が強まりました。これにより、防衛庁が防衛力整備至上主義とでも言うような仕事ぶりから脱却し、自衛隊の運用やそれを支える情報活動も強化されていきましたが、これは決してスムーズな変化ではありませんでした。庁内には「自衛隊の本分は有事への対応だ」としてＰＫＯなどの活動に消極的な声も根強く、私自身もそうした議論を吹っかけられることがありました。そんな時には決まって「本分も大事かも知れませんが、（時代に合わせて）日銭を稼ぐことも大事です」と答えていました。

この時期はまだ冷戦後の国際的な安全保障構造の見極めはできておらず、自衛隊が進むべき方向性も明確になっていなかったものの、私は漠然と「国際平和のために能動的に寄与すること」が一つのポイントなのではないかと考えるようになっていました。

「51大綱」の見直し

入庁からちょうど10年となる1991年5月、湾岸戦争が終わった直後に古巣の防衛局計画官室の先任部員に異動しました。久しぶりに戻った計画官室には、前年に策定され、防衛費の抑制傾向を明らかにした「中期防衛力整備計画」(防衛力整備の5ヵ年計画。中期防)を巡る厳しい調整の跡が残されており、防衛局議メモには気の弱い私など読むだけで貧血を起こしかねないほど激越なやり取りが生々しく記録されていました。それらの記録は、それまでずっと右肩上がりだった防衛費が縮小方向へ向かう困難な道のりを予感させました。そんな中で私を待っていたのは、湾岸戦争への戦費支援の財源を捻出するため出来たばかりの中期防の総額を減額するという筋の悪い案件と、「51大綱」の見直しの検討という極めて難しい案件でした。中でも51大綱の見直しは長丁場となりました。

日本政府は戦後に米国と中ソが対立した冷戦下、1954年の自衛隊発足を機に防衛力を強化してきましたが、70年代に米中接近、米ソ緊張緩和という変化が生じます。そこで大規模な戦争は起きにくくなったという前提の下に、小規模な紛争で日本への侵略をどう防ぐかという観点から、日本政府として国際情勢への認識と防衛政策の指針を示した文書が1976年に初めて閣議決定されます。それが「防衛計画の大綱（防衛大綱）」です。防衛大綱はその後に5度改定されており、区別するために1976年（昭和51年）にできたものは「51大綱」と呼ばれます。

51大綱は、それ以前の防衛力整備5か年計画の基礎となっていた「脅威対抗論」（又は「所要防衛力論」）とは異なる「基盤的防衛力構想」に基づいていました。

一般に、脅威は「侵略し得る能力」と「侵略しようとする意図」の二つの要素で構成されますが、「意図」は変わりやすく予測しづらいため、「脅威対抗論」では近隣諸国が保有する軍事的な「能力」に対抗できる防衛力を整備すべきだと考えました。

これに対して「基盤的防衛力構想」は、日米同盟の存在や米ソ中3国の間の相互牽制と均衡などによりわが国に対する侵略の意図は制約されるため、周辺国の軍事力に直接対抗し得るような防衛力をただちに整える必要はないと整理しました。それに代わって地理的配備においても保有する機能においても均衡がとれており、災害派遣や対領空侵犯措置など平時の任務に対応可能で、情勢に重要な変化が生じた場合には拡大（エキスパンド）し得る基盤的な防衛力を整備することとしました。これをもって大がかりな準備を行うことなしに素早く既成事実を作ろうとするような奇襲的な侵攻、即ち「限定的かつ小規模な侵略」を拒否することができれば平素の抑止力としては十分だ、と結論付けました。

51大綱は、史上初めてわが国が保有すべき防衛力の数値目標を別表の形で示し、防衛力に対する国民の理解を増進するのに大いに寄与しました。

入庁1年目に基盤的防衛力構想と51大綱を勉強した際には、大国間の均衡関係が侵略の意図を制約するとしていること、わが国の狭隘《きょうあい》な国土や若年人口の減少といった制約要因と調和的な防衛力を構築しようとしていること、周辺国の軍事力とのリンクを断ち軍拡競争を回避しようとしていること、わが国の身の丈に合った防衛力の在り方を具体的な数量で示していることなどに新鮮な驚きを覚えるとともに、その説得力に圧倒されました。その後10年を経て再び51大綱に向き合ったわけですが、ずっとその論理の正しさを疑わず不磨の大典のように受け止めていたものを見直すのは容易なことではありませんでした。

1992年の初夏、防衛局の組織改編に伴い六本木の本庁舎の改装工事が行われ、新たなオフィスが完成するまでの間、隣接する中央指揮所に間借りして勤務することになりました。ちょうどこの頃、当時の畠山蕃防衛局長が51大綱の見直しについてブレーンストーミングをしようと言い出されて、私が資料を用意してプレゼンすることとなりました。

新たな大綱と別表のイメージを考えあぐねていた私は、いろいろ試行錯誤した末に「脅威を構成する意図と能力」という座標を中心としながら相手国に対する能動的な働きかけというポイントを入れ込んでプレゼンすることにしました。まず周辺情勢については、ソ連崩壊後のロシア、冷戦の残滓ともいえる社会主義体制の中国及び北朝鮮は、そろってわが国に侵攻する能力は乏しいものの将来の意図が不透明だと整理しました。わが国の対応としては、各国が脅威に発展するのを防ぐため、抑止力としてのわが国の防衛力を整備するばかりでなく、敵対的な意図を生じさせないよう対話や交流などの信頼醸成措置を実施するとともに、軍事能力をさらに低減させるための軍縮努力なども必要だ、と主張しました。

今から振り返ると随分ナイーブなプレゼンをしたものだと赤面せざるを得ません。今でこそ日露、日中の防衛交流や安保対話の枠組みがありますが、プレゼン当時はそんな関係は全く出来ておらず、信頼醸成と言っても将来に向けた単なる願望に過ぎませんでした。また、「軍縮努力」に至っては、単に世論に流されて防衛力を削減するのみでは一方的にわが国が軍縮するようなもので不適切だと言いたかっただけで、それ以上何のイメージもなく、絵空事と言われても仕方のない未熟なアイデアでした。

その上、出席者の主要関心事項だった新たな防衛力の目標水準の考え方、すなわち陸自の定員18万人の取扱い、海自の艦艇の隻数や空自の戦闘機数の取扱いなどに関しては具体的な答えを示せなかったので、プレゼンは不調に終わりました。

ただ、畠山局長は、細部はどうあれ「能動的に働きかけて脅威が顕在化するのを防ぐ」という発想を気にとめて下さって、その後も職場はもちろんアフター5の酒や麻雀が終わって官舎へお送りする車中などでも、周辺地域だけでなく国際社会全体の安定もわが国の平和と安全にとって重要である、防衛庁・自衛隊も地域や国際社会を安定化させるための努力の一端を担うべきだ、そのため国連への協力も大切だなど、色々な議論に付き合って下さいました。こうした議論を通じて、抑止力としての役割だけでなく、周辺諸国の防衛当局との間で対話や交流を行うことや国連に協力して国際環境の安定化に寄与することなども防衛庁・自衛隊の重要な役割ではないかとの考えが徐々に形になり、最終的には庁内にも浸透していったように思います。

「黒江部員が倒れました！」

1992年12月には、防衛局計画課総括班長として中期防の見直しを担当しました。ちょうど防衛予算への世論の風当たりが強くなった時期で、前年の1月に湾岸戦争に対する資金協力の財源として防衛予算が約1千億円減額され、この年に予定されていた中期防の修正においても計画総額を数千億円規模で減額することが見込まれていました。

防衛庁にとっては、どの自衛隊がどれだけ減額されるのか、どの事業をあきらめなければいけないのかは大問題でした。計画課は、事業主体である各幕僚監部の間の調整に当たりましたが、当然ながら一度配分された経費を減らされることには誰もが激しく抵抗し、なかなか決着しませんでした。

各幕や大蔵省との間で板挟みになりながら数カ月にわたって協議を重ね、どうにか関係者一同反対はしないというギリギリの案を作成し、次官室の会議に持ち込んだのは閣議決定の予定日の2日前、12月16日のことでした。

前日から徹夜で資料を整えて、当日は食事をとる暇もなく午後の会議を迎えました。ところが、会議が始まって少ししたところで急きょ事務次官と防衛局長が与党幹部に呼ばれて席をはずすというアクシデントが発生しました。さらに、その空白を狙ったかのように、後方事業を所掌するある局長から「後方重視をうたいながら後方事業費を切ることには賛成できない」という反対論が提起されたのです。

実を言うと、あらかじめ各幕僚長からは消極的ながらも結論について内諾を得ていたのですが、いわば身内である内部部局の局長連には事前に根回しをする暇がなかったのです。このため、他の局長も反対論に同調して議論は紛糾し、取りまとめ役の次官も担当の防衛局長も不在の中、結論が出ないままに会議は流れ解散となってしまいました。私は「閣議は明後日なのにどうすればいいのだろう」と途方に暮れながら、次々に幹部が立ち去っていくのを呆然と眺めていました。

一緒にいた後輩に促されてバックシートから立ち上がろうとした瞬間、立ちくらみのような症状に襲われ、手足に力が入らず次官室のフロアに昏倒してしまったのです。視界がどんどん狭まり、次官付の秘書さんが「黒江部員が倒れました！」と電話で医務室に助けを呼んでいる声を聞きながら意識が遠ざかっていきました。

後日受診した医師からは「自律神経失調症」と診断されました。ストレスなどが原因で交感神経と副交感神経のバランスが崩れ様々な症状を招く病気で、私の場合には血管の急激な拡張による脳貧血という形で現れたのです。

次に気がついた時には、庁舎の地下にある医務室のベッドの上で、その晩は強制的に家へ帰されました。翌日職場復帰してみると、一晩のうちに庁内の合意が形成され閣議決定も予定通り行われることとなっていました。後で聞いたところでは、与党幹部への説明を終えて帰庁した日吉《ひよし》章《あきら》事務次官が、事情を知って驚き、反対した局長を押し切ってわれわれの原案を支持して下さったのだそうです。

今思えば、閣議決定日という締め切りがある以上、それが間近に迫ってくれば必ずどこからともなく妥協の動きが出てくるものです。まだ若かった私は、それを知らず、何としても自分でまとめなければならない、と思い詰め過ぎたのだと思います。

こうして中期防の修正は無事に閣議決定されましたが、もともと誰からも歓迎されない仕事だったので達成感は乏しく、疲労感ばかりが残りました。「防衛庁がよく頑張ってくれた」という宮澤喜一総理のコメントが報道されたことが唯一の慰めでした。

ところで、この件に関しては忘れられない出来事があります。閣議が終わってしばらくして、当時カウンターパートだった大蔵省の防衛担当主査から食事に誘われました。その席で彼は、「君は自分が倒れたために役所に迷惑をかけたと思っているかも知れないけれど、君が倒れていた間は他の人が代わりに仕事をしてくれたので支障はなかったよ。でも、君は家庭の中では夫であり父親なのでしょう？　誰もその役割を代われる人はいないでしょう？　だから、倒れるほど仕事をしたりしちゃいけないいんだよ」と諭して下さったのです。私はこの言葉に衝撃を受けました。

正直に言うと、彼に諭されるまでは自分が倒れるのと引き換えに中期防の修正を通したことを一種の武勇伝として誇らしく思っているところがありました。しかし、主査の一言で、自分の愚かさと家族の大切さ、何よりも家族に対する自分の責任に改めて気づかされました。貴重な助言を下さったその主査は加藤勝信氏で、その後政治家に転身し数々の重要閣僚を歴任しています。

計画課総括班長に就任した時に、同じポストを経験したある先輩から「仕事は7割くらいの力の入れ具合でやるんだ。そうでないと続かないぞ」と助言されていたのですが、はからずも身をもってその意味を実感することとなってしまいました。

「ララバイ」からの脱却

1993年の通常国会を控えた1月のある日、前年末に閣議決定されたばかりの中期防の修正について国会の調査室に説明するという仕事が入りました。調査室は、国会議員の立法活動を補佐する組織です。ここでの説明は議員の質問に直結するので、私は少なからず緊張し、気合いを入れて説明に臨みました。

しかし、この当時は、政策作りには文字通り倒れるほど集中する一方で、プレゼンは「単なる言いぶりに過ぎない」として軽視していました。これは私だけでなく、内局全体がそんな雰囲気だったように思います。政策の内容と自分の思考過程を淡々と伝えることが「説明」だと思っていたので、私の説明を聞く相手はよく寝落ちしていました。口の悪い先輩から「黒江ララバイ（子守歌）」とからかわれたりもしたのですが、一向に意に介さず「自分の声が低いので他人の副交感神経に働きかけて心地良くしてしまうからだ」などと冗談を言って受け流していました。

ところが、話し始めた直後から、テーブルに座ったメンバーが目の前で一人、また一人と眠りに落ちていくのです。決してオーバーな表現ではなく、15分ほど経った頃には十数人の出席者の7割方が眠り込んでいました。昼食直後の午後1時からという不幸な時間帯ではありましたが、さすがにこの出来事にはショックを受けました。

そこでようやく自分の説明ぶりに問題があるのではないかと思い当たり、説明内容や使っていた資料などを点検してみました。その結果、自分が単調でメリハリのないとても退屈な話をしていたことに気づかされたのです。これ以後、「ララバイ」からの脱却を目指して、相手を眠らせないようなストーリー構成や資料の内容、説明の切り口などについて工夫を重ねる日々が始まりました。

もちろん、思い立ったからといってすぐに退屈な説明ぶりが改まるわけもなく、思いつくままに数字を強調したりイラストや概略図を多用したり様々なことを試しました。先輩や同僚が行う説明にも、「わかりやすさ」という観点から関心を持つようになりました。

防衛大綱を解説するテレビ番組の中で演習場に実際に隊員を並べ、自衛隊の充足率の低さを可視化しようとしたある先輩の試みには目を引かれました。また、補給支援活動（米国同時多発テロを受けた「テロとの闘い」での多国籍軍艦艇への洋上給油）のためインド洋に派遣された艦艇の甲板の熱で目玉焼きを作り、隊員の勤務環境の厳しさを訴えたある後輩のアイデアなども大きな刺激になりました。

「むやみに叱らない戦術」

ちょうどこの頃、装備品の単価積算のやり方についてある部下をかなり強い言い方で咎めたことがありました。すると、人一倍抗堪性《こうたんせい》が強くてしっかりしたタイプの彼が、こちらが焦るくらい狼狽してしまったのです。言い方が厳し過ぎたかと反省すると同時に、普段あまり怒らない私が怒ったからビックリさせてしまったのかも知れないと気づきました。

それで思い出したのが、自分が新人だった頃のことです。既に紹介したように、役所に入りたての頃、私はほとんど毎日怒鳴られながら過ごしていました。すると、そのうちに叱られることに慣れてきて、1年経つ頃にはさほど怖さを感じなくなっていたのです。怒りは本当に必要な時のためにとっておく方が、経済的だし効果的です。この一件以来、ここ一番という時以外はむやみに叱ったり言葉を荒らげたりしないよう、戦術的に振舞うことにしました。

どんな仕事にもストレスはつきものですので、上司の言動で過剰なストレスを上乗せするべきではありません。その意味で、やってはいけないことの典型がパワハラ・セクハラです。最近は職場だけでなく社会全体でパワハラ・セクハラに対する意識が向上してきていますが、組織を管理する立場の者は十二分に注意を払わなければなりません。

朝鮮半島危機とミサイル防衛

1993年3月に北朝鮮がNPT（核兵器不拡散条約）脱退を宣言し、いわゆる第1次核危機が勃発すると、防衛庁と米国防省との間で朝鮮半島有事への対応に関する協議がにわかに活発化しました。また、日本政府の内部でも、半島からの邦人の避難要領や半島から日本へ向かう難民への対応要領などについて検討が進められました。この年5月に私は計画課から防衛政策課に異動し、総括班長として北朝鮮問題への対応にも関与することとなりました。

さらに、北朝鮮の核とミサイルに対する脅威感が高まったのに合わせて、当時米国で開発が進められていた戦域ミサイル防衛システム（TMD）について米側から共同研究が打診されました。当初、われわれ事務方は、法的、技術的、財政的な問題が山積していたことから前向きな雰囲気にはなれませんでした。

しかし、当時の畠山蕃事務次官へそうした消極的なラインで報告をしたところ、「君らはなぜそんなにしり込みするんだ？」と一喝されました。次官に「北朝鮮のミサイルはわが国に対する明確な脅威だ。それに対応する方策は今の段階では弾道ミサイル防衛しかないんだろ？　わが国の防衛のためにそれ以外に方法がないならやるしかないじゃないか。

なのに何でためらうんだ？」と問い詰められ、私は何も答えられませんでした。

朝鮮半島を巡る情勢は、翌1994年6月のカーター元米国大統領の訪朝を機に沈静化しましたが、一連の経緯を通じて朝鮮半島における不測事態への準備不足が明らかになったため、こうした事態に備えた法律の整備や日米協議が進められることとなりました。

防衛問題懇談会

1994年3月には、細川連立政権の下、民間経済人を座長として学識経験者、自衛官OBを含む官界OBなどで構成された重厚な布陣を擁する防衛問題懇談会が総理の諮問機関として発足し、政府レベルでの51大綱見直しの議論が開始されました。私もスタッフとして会議のロジなどを担当し、末席で議論を聞く機会を得ました。

その後、短期間のうちに連立政権の枠組みが変わり、内閣も細川、羽田《はた》、村山と三代にわたって変わりましたが、懇談会は精力的に議論を重ね、同年8月に村山富市総理へ報告がなされました。この最終報告には、冷戦後の不透明・不確実な国際環境の中でわが国の安全を確保していくため、①受動的な役割を脱し、能動的・建設的な安全保障政策をとるべきこと、②国連協力や地域における二国間対話などを含む多角的安全保障協力を進めるべきこと、③日米安全保障協力関係の機能を充実させるべきこと、④信頼性の高い効率的な防衛力の維持及び運用が必要であることなどが盛り込まれました。

また、新たな防衛力については、不透明な安全保障環境に対応するため情報及び運用機能を強化すべきこと、戦闘部隊については効率化、ハイテク化・近代化を図りながら規模は全体として縮小すべきこと、より重大な事態に対応できるような弾力性に配慮することなどを骨子として、幅広くかつ深い提言がなされました。

私は北朝鮮問題にも首を突っ込みながら、懇談会のロジに追われる日々を過ごしていましたが、2年前に中央指揮所で行った51大綱の見直しに関するプレゼンのうちの「能動性」や「対話」などのポイントが最終報告の中に含まれていることに密かな喜びを感じました。誰も体験したことのない国際構造の激変を前にして、必死に分析を試み、新たな道筋を見出そうと努力した結果が懇談会の報告につながったことは、政策の議論に弱いと陰口を叩かれてきた防衛庁にとって一つの成功体験となるとともに、私個人にとっても大きな自信となりました。

転機となった1995年

翌1995年は、国民の安全を脅かす大きな事案が相次いで発生し、わが国の防衛政策、危機管理政策に大きな転換をもたらした年でした。

まず、1月17日には6千人を超える犠牲者を出した阪神淡路大震災が発生しました。早朝のテレビニュースで高速道路の高架が倒壊している衝撃的な映像が流されるのを見て、私は言葉を失いました。この災害に対して自衛隊は大規模な救援活動を行い、その組織力と自己完結的な活動能力に対する評価が高まりましたが、他方で初動段階での地元自治体との連携について課題を残しました。また、当時の政府は、現地の状況把握や初動対応に手間取り、厳しい批判を浴びました。

次いで3月20日の朝、オウム真理教による地下鉄サリン事件が発生しました。当時防衛政策課に勤務していた私は、この事件も自宅で朝のニュースを見て発生を知りました。臨時ニュースの映像で都内の地下鉄の駅に救急車がたくさん集まっているのを見て、何かとても禍々しいことが起きているという印象を受けました。出勤後、どうも化学兵器らしいということを知らされて愕然としました。

事件の発生は午前8時過ぎでしたが、これは官庁の出勤時間帯を狙ったものだったことが後から判明しました。サリンが撒かれた路線、特に千代田線と日比谷線はたくさんの防衛庁職員が利用しており、多くの職員が被害を受けました。この事件で自衛隊は、警察などに協力してテロの原因物質の特定や汚染された地下鉄車両の除染などに活躍し、特殊武器の知見や対応ノウハウなど自衛隊の有する幅広い能力が脚光を浴びることとなりました。

その後、これらの事案への対応の反省から多くの組織改編や制度改正が行われ、自衛隊のみならず政府全体としての危機管理体制の整備が急速に進められることとなりました。同時に、自衛隊に対する国民の信頼感と期待感は増大し、国連PKO参加などを契機とする「存在する自衛隊から働く（活動する）自衛隊へ」という変化が加速されました。

この年の夏、私は9年間にわたって勤務してきた防衛政策局を離れました。長らく担当してきた51大綱の見直し作業はまだ完結していませんでしたが、北朝鮮対応や対米協議の支援などもあって業務が多忙を極めていたため、私は「ガス欠状態」に陥っていました。この頃の私は周囲に対しても自らの不調を口に出すようになっており、周囲も上司も私の行き詰まった状況に配慮してくれて異動することとなったのです。新たに任ぜられたのは防衛庁長官秘書官という全く未知のポストでした。

秘書官に任ぜられて1カ月も経たない9月4日、沖縄駐留海兵隊等に所属する3人の米軍兵士による少女暴行事件が発生しました。このおぞましい事件は、戦後長らく沖縄に課せられてきた米軍基地負担という同盟の負の側面をクローズアップすることとなりました。この事件を契機に、地位協定の見直し要求、さらには冷戦後における海兵隊の沖縄駐留の必要性そのものに対する疑問の声が高まりました。

実は、この年の2月に米国防省は通称「ナイ・イニシアティブ」と呼ばれた「東アジア戦略報告（EASR）」を発表し、冷戦後においても東アジアに10万人の米兵を維持するとしてアジア地域へのコミットメントの継続を宣言していました。この報告は、北朝鮮の第1次核危機に直面した日本や韓国に一定の安心感をもたらす効果がありましたが、基地負担に苦しむ沖縄県にとっては米軍基地の固定化・永続化につながる恐れを感じさせるものでした。米兵少女暴行事件はこうした懸念を増幅し、一気に反基地運動が盛り上がる結果を招きました。

このような中で、1995年（平成7年）11月28日、51大綱に代わる新たな防衛計画の大綱「07大綱」がついに決定されました。ベルリンの壁の崩壊から6年後のことでした。

一見すると鈍感な対応に思えるかも知れませんが、国の防衛は大型トラックの運転のようなものです。砂嵐の中でカーブに差し掛かったら、速度を緩め、砂埃が収まるのも待ちながら四囲の状況をよく見極めて、ゆっくりハンドルを切らなければなりません。国の安全を全うするには、拙速を避け慎重に対応しなければならないということだと思います。

尊敬する大先輩のこと

ところで、私自身も51大綱の見直しという形で砂塵の中でハンドルを切る作業に携わったわけですが、もし、自らの実務経験だけにとらわれて考えていたとしたら、「能動性」

や「対話」といった問題意識にはおそらくたどり着けなかっただろうと思います。情勢の大転換や業務の大改革といった課題に対応するためには実務を超えた広く柔軟な発想が不可欠ですが、そうした発想は簡単には生まれてきません。その点を自然に奨励し、うまくリードして下さったのが私の尊敬する畠山蕃事務次官でした。

畠山次官は、冷戦終結間際の1988年夏に当時の大蔵省から防衛庁へ出向してこられて、官房審議官を皮切りに防衛局長などの要職を歴任されました。誰しも古巣を離れて不案内な新天地に異動すれば戸惑いや気後れから異動先になじむのに時間がかかるものですが、畠山先輩は持ち前の飾らない気さくな性格と率直な物言い、そして何よりも仕事に対する真剣な姿勢から、すぐに防衛庁に溶け込み、内局職員のみならず各幕の自衛官の信頼をも得るに至りました。「自分は大蔵省から来て防衛に関する知識が乏しいので、自分の発言に素直に従われるとかえって不安になる。反論してくれる方が有難いので、どんどん議論してくれ」というのが口ぐせでした。

その言葉通りにブレーンストーミングを奨励し、自ら積極的に発言するだけでなく、課長も部員も、時にはもっと若い係員の意見も分け隔てなく扱ってくれました。

そうした議論を通じて風通しが良くなり庁内が活性化していくのを目の当たりにし、組織のリーダーには知識や経験だけでなく、自らに対する謙虚さや他者への配慮、思いやりなど、一言で言えば「人間力」が大切だと知りました。

そんな畠山先輩がまだ局長であられた頃、議論の最中にポツリと「(51)大綱って予定調和的なんだよな」と漏らされたことがありました。最初それを聞いた時には、「脱脅威」の考え方と「限定小規模独力対処」との整合性を指摘しておられるのだろうと理解しました。しかし、その後ずいぶん経ってから、51大綱の論理が精緻過ぎること、現実の国際情勢は複雑で不透明・不確実なものであること、複雑な現実をわかりやすいモデルに無理に当てはめて予定調和的に理解するのは適切ではないことなどをおっしゃりたかったのではないかと思い当たりました。見直し作業が成就した暁には本人に確かめたいと思っていたのですが、残念ながらその機会は巡ってきませんでした。次官在任中に体調を崩され、07大綱策定を見届ける前に退官を余儀なくされ、直後に急逝してしまわれたのです。官房審議官をお務めの頃からお仕えし、自らのロールモデルとして仕事の面でも人間的な面でも心底尊敬していたので、亡くなられたことが信じられず、弔問に駆けつけた病院では悲しくて涙が止まりませんでした。

大臣に醤油を浴びせる

私は秘書官として、1995年8月から衛藤征士郎大臣、1996年1月からは臼井日出男大臣と、1年3カ月の間に二人の長官にお仕えしました。

御側要員たる秘書官の仕事には、役所の政策などを大臣が理解しやすいように補佐するサブスタンス（サブ）のサポートと、大臣がスムーズに公務や政務をこなせるように日程を整理したり、行動を支援したりするロジスティクス（ロジ）のサポートの2種類があります。防衛局勤務が長かったのでサブ面はあまり心配していませんでしたが、生来の気の利かなさに加え、柔軟性に欠ける性格のため、ロジのサポートは不安でした。

実は、秘書官の内示を受けた時に私の性格を知る妻から「あなたみたいに気が利かない人が秘書官？」と驚かれたのですが、その懸念がまさに現実のものとなり、お仕えした二人の大臣には数限りなくご迷惑をおかけしました。

秘書官に任命された直後の9月に発生した沖縄駐留海兵隊員による少女暴行事件により、俄然沖縄基地問題が注目を集め、日米地位協定の不平等性などが日米間の大きな問題としてクローズアップされるに至りました。そんな中で、駐日米大使が防衛庁長官を表敬する日程が入りました。秋の臨時国会中で大臣が委員会に出席する予定だったため、昼休みに六本木の庁舎で短時間の表敬を受け、国会へとんぼ返りするスケジュールが設定されました。昼食は大臣のお好みの寿司弁当を用意し、時間の節約のため国会から防衛庁へ戻る車内で召し上がって頂くその車中に、悲劇が待っていました。

大臣の隣席に座っていた私は、いつになく気を利かしたつもりで付属の小皿に醬油を注いで差し上げたのですが、その瞬間に車がカーブを切ったため、あっと思う間もなく醬油が大臣のズボンを直撃してしまったのです。揺れる車内でわざわざ小皿に醬油を注いで出そうとした時点でアウトでした。これから表敬や国会審議に臨まなければならない大臣の服を自らのうっかりミスで汚してしまったということで、当時まだ30代だった私はパニックを起こしかけました。必死にティッシュで大臣のズボンの醬油を拭ったりしたのですが、綺麗になるはずもありません。

衛藤大臣は全く動ぜずに何事もなかったかのようにそのまま表敬に臨まれ、国会へ戻られました。ただ、国会議事堂に到着して委員会室に入る前にトイレに寄られて、大臣ご自身がズボンを水で洗われました。大臣は落ち着いておられて、「醬油って結構におうんだよ。大使もびっくりしたんじゃないかな」とニコニコしながら明るく私に言われるのです。

人一倍鈍感な私ですが、この時はさすがに文字通り穴があったら入りたい気分で、秘書官を交替させられることも覚悟しました。幸い衛藤大臣の優しい性格のおかげでこの件をとがめられることは一切ありませんでしたが、ただでさえ時間がない時に柄にもないことをすべきではなかった、と猛省しました。

首相に電話のかけ方を教わる

10月になると沖縄では大規模な県民大会が開かれるなどさらに反基地運動がエスカレートするとともに、駐留軍用地特措法に基づく代理署名を県知事が拒否し、国と沖縄県との全面対決の様相を呈するに至りました。衛藤大臣は出張の帰途に空港で知事が署名を拒否しそうだとの報告を受け、総理と対応を協議するためそのまま総理公邸へ直行しました。協議の最中に、大臣から沖縄県議会のある議員へ電話をつなぐよう指示されました。当時携帯電話はさほど普及しておらず、総理公邸の固定電話で沖縄県議会へかけようとしたのですが、ボタンが多く複雑でなかなかうまくいきません。四苦八苦していると、なんと見かねた村山富市総理ご自身が懇切丁寧に電話のかけ方を教えて下さったのです。

総理が気さくな方で本当に助かりましたが、日本国内閣総理大臣に電話のかけ方を直接教えてもらった秘書官はそういないのではないかと思います。

時期が時期だったので、沖縄・米軍問題に関連して多くの失敗をしでかしました。特に、翌1996年1月に総理が交替した後には、橋本龍太郎新総理に一度ならず三度も直接叱られました。普通、総理が他の閣僚の秘書官を直接叱りつけたりすることはないのですが、総理の目にはよほど気が利かぬ秘書官がいると映ったのかも知れません。

中でも最も印象に残っているのは、通常国会の予算委員会中のことでした。ある日の午後の委員会中に隣席に座っていた他省の秘書官から「大臣へ」とメモが回ってきました。すぐ前に座っている大臣に渡すのは簡単ですが、自分が内容を理解できないものを報告するわけにもいきません。そこでまず自分で判読しようとしたのですが、メモを渡してくれた秘書官が「早く大臣に見せろ」とつつくのです。

仕方なく臼井大臣にお見せし、一緒に解読してようやく内容を理解しました。在日米海兵隊のヘリが民間空港へ緊急着陸したという内容でした。

米軍機も自衛隊機も飛行中に異常が発生すると、たとえ些細な不具合であっても重大事故を避けるため予防的に近傍の空港へ着陸します。緊急着陸自体はさほど珍しくないため、民間に深刻な被害を与えたりしない限り速報される仕組みにはなっておらず、またこの時は沖縄ではなく本土の空港での出来事だったこともあり、まだ防衛庁の指揮系統からは報告されていませんでした。

一方、民間空港での異常事態ということで、総理は警察から直ちに報告を受け、すぐに防衛庁長官へ注意喚起しようと試みられました。私が受け取ったメモは、総理の指示で総理秘書官が書き、閣僚席の後ろに居並ぶ各省庁の秘書官たちの間をリレーされて届けられたものだったのです。

そうとは知らない私は大臣へすぐには渡さず解読を始めてしまい、気をもんだ総理秘書官が「早く大臣へ報告せよ」と身振りで示していたことにも全く気づきませんでした。そこで、見かねた隣席の秘書官がつついてくれたというのが事の真相でした。

緊急着陸自体は民間の被害もなかったため、委員会が終了する頃には忘れかけていました。ところが、質疑が終わり大臣と私が退席しようとしていたところ、総理がつかつかとやって来られたかと思うと、まっすぐに私を指さし、委員会室に残っていた人たちが一瞬静まり返るほどの物凄い剣幕で「秘書官、そういう情報はすぐに大臣に上げなきゃダメだ！」と怒鳴ってから立ち去っていかれたのでした。

後で聞いたところによると、メモが防衛庁長官の手に渡るまでの様子を総理ご自身が横目でチェックしていたのだそうです。防衛庁の感覚ではさほど深刻な事案ではなかったこと、秘書官席はとても狭いため周囲の様子に気づくのは困難なこと、手書きのメモが読みにくかったことなど弁解したい点は多々ありますが、沖縄問題や在日米海兵隊問題が取り沙汰されていた時期の振る舞いとして緊張感が足りなかったと言われればその通りです。

今は貴重な経験だったと笑って振り返ることができますが、大臣の目の前で総理に怒鳴り上げられたのは心理的に結構大きなダメージがありました。

台湾海峡危機で屈辱を味わった中国

中国は1996年3月の台湾初の総統選挙に対して圧力をかけるため、前年夏から台湾周辺でミサイル発射訓練などを実施して軍事的緊張を高めました。総統選が翌月に迫った1996年2月のことだったと思いますが、前年末に決定された07大綱等に関する質疑のため橋本総理と臼井防衛庁長官が本会議に出席する機会がありました。総理と防衛庁長官は、慣例に従い、登壇時刻まで議長室に隣接する議長サロンで待機しておられました。秘書官だった私も防衛庁長官と一緒にサロンに控えていたのですが、そこへたまたま土井たか子衆議院議長も合流され、「どうですか、最近？　元気にしておられますか？」と総理に話しかけられました。ところが、橋本総理は「いや、元気じゃないよ」と真剣な顔で答えられ、「台湾で武力紛争が始まるんじゃないかと心配で夜も眠れないんだ」とおっしゃるのです。総理は台湾海峡の緊張状態をそこまで深刻に受け止めておられるのだ、と驚かされたのを覚えています。

その後、総理が心配されていた通り、中国のミサイル発射訓練予告に対して米国は二つの空母打撃群を台湾周辺に派遣して中国をけん制し、緊張が高まりました。この時は、中国が譲歩してそれ以上の軍事衝突には至らずに終わりましたが、絶対に譲れないはずの台湾問題について米国の介入を許したことは、中国にとって大きな屈辱でした。その後、中国は米国と肩を並べ得る軍事力の建設に邁進し、東シナ海や南シナ海、さらにはわが国周辺海域で軍事行動を活発化させました。

直前に知った普天間返還合意

冒頭に、秘書官の仕事のうちサブ面（政策関連）についてはあまり不安を感じていなかったと書きました。ロジ面で数多く失敗したのに比べればサブ面の失敗は少なかったと思っていますが、実は今に至るまで心にひっかかっている一件があります。

政治家である大臣が、防衛庁という大組織の中でどんな仕事が進行しているのかを全て知ることは不可能です。それを補うため、庁内の出来事に気を配っておくことも秘書官の仕事です。ところが、沖縄問題に関連して、私はそれに失敗したのでした。

1996年4月12日の朝、日経新聞の1面に「普天間基地、返還へ」という特ダネ記事が掲載されました。米海兵隊にとって普天間基地は極めて重要だとずっと聞かされてきた私は、記事を読んだ瞬間にあり得ない話だろうと思いました。

しかし、その日は参議院の予算委員会が予定されていた上に、金曜日で大臣の定例記者会見もあるので、念のため防衛政策課の担当に電話を入れて確認してみました。私が「こんなことあるはずないですよね？」と問うと、「そんなはずないよ」という答えの後に「アメリカ発の記事だし……われわれの知らないところで何かやっているのかも知れないな」という曖昧なコメントが加えられました。

彼の答えに軽いひっかかりを覚えながらもいつものように臼井大臣をお迎えに行き、車中では大臣と「なんか変ですね」「うーん、でもこんなこと出来たら苦労はないね」などと話していました。そのまま答弁打ち合わせのため国会内にある政府控室（その頃はまだ「政府委員室」と呼ばれていました）に向かったところ、部屋の前に担当局長が待っていて、大臣に「日経新聞の件、なにか総理がお考えかも知れません」と耳打ちするのです。大臣も私も最初は半信半疑でした。

しかし、委員会が行われている最中に、本件に関して総理から説明するので、委員会終了後に官邸に来るようにとの指示が大臣に伝えられたため、これは本当かもしれないと興奮する一方、なぜ基地問題の担当閣僚である防衛庁長官に伏せられていたのだろうかという疑問が湧いてきました。

官邸には防衛庁長官と外務大臣が呼ばれていて、総理本人から本件の経緯について説明がありました。終了後、大臣とともにキツネにつままれたような気分で帰庁しようと官邸の玄関に出たところ、随行していた担当局長が「秘書官、悪いけど大臣と相乗りさせてくれ。君は僕の官用車で役所に戻ってくれ」と言うのです。詳しいことはわかりませんが、車中で局長がこの件の経緯を詳しく説明したのだと思います。

その夜、総理と駐日米大使の共同会見をテレビで見届けた後、退庁するため正面玄関へ向かう階段を下りながら、自らも剣道をたしなまれる臼井大臣が剣道家として知られた橋本総理の剣さばきになぞらえて「橋龍の円月殺法にやられたなあ」と淡々とつぶやかれたのを昨日のことのように覚えています。

漏れ聞いたところでは、総理自らが外務省と防衛庁の限られた事務方メンバーを使って返還交渉を進める一方で、関係者に厳しい箝口令《かんこうれい》を敷き、「(漏れたら)殺すぞ」と固く口止めしていたのだそうです。秘書官の私が情報を聞き込んでくることができればよかったのでしょうが、現実にはできませんでした。

それを悔やみつつ、「厳しく口止めされていたとしても、せめて大臣だけには教えてくれてもよかったのではないか」とも考えます。どうすればよかったのか、今でも時々考えますが答えは見つかりません。

自衛官OB出馬「なぜ報告ない!」

多くの場合、私が失敗するのを大臣が慰めてくれるというとんでもない構図でしたが、大臣ご自身に厳しく叱られたこともあります。小選挙区制が導入されて初めての選挙（1996年）が近づいていた時期のことでした。ある朝、事務次官と官房長が大臣に報告したい案件があると言ってこられたので、機械的に一般案件の説明後の時間帯に入れたところ、これが当時の野党第1党からOB自衛官が出馬するという情報の報告だったのです。

このスケジューリングについては、普段温厚な臼井大臣から「なぜ朝一番で報告させないのか」と目から火が出るほど怒られました。当時の私は、政治家にとって選挙は生死を懸けた戦いの場だということを本当の意味では理解していなかったのです。「まつりごと」の重要性を思い知らされた一件でした。

勉強開始の不純な動機

私が計画課や防衛政策課に勤務していた1990年代の前半頃から国際情勢の変化に合わせて内局が米国国防省などと政策協議を行う機会が増え、防衛力整備一辺倒のスタイルが徐々に変わっていきました。こうした流れに対応しようという諸先輩の努力により防衛庁の留学枠が増え、内局における国際派へのやっかみも薄れ、庁内でTOEICを受けられるようになるなど雰囲気が変化していきました。

そんな中で英国国防大学（RCDS：Royal College of Defence Studies）に留学した先輩

の経験談を聞き、自分もそういう楽しい留学をしたいと思い立ちました。仕事に直結しない形で英語を勉強し外国生活も経験し家族サービスもできる、カリキュラムが確立している上に「Beer Drinkers' Course」の別名が示す如く内容はかなり緩くソーシャルイベントも多い、米国ほど日本からの訪問者も多くないしイースター休みや夏休みのほか1週間の国内視察や1カ月の海外視察まである等々、動機は不純でしたが、とにもかくにも自発的に英語を勉強する気になったのです。

とは言え英語学校に通ったりする時間はなかったので、聴き続けるだけで英語能力が向上するというふれこみの教材を買い込み、通勤途中にひたすらヒアリングに没頭しました。今となっては懐かしいカセットテープのウォークマンで、教材のみならずトム・クランシーのジャック・ライアンものとかマイクル・クライトンの「ジュラシック・パーク」などの小説のオーディオブックなども聴きました。同期生が「大まかな筋を知っていると英語を聴き取りやすいし、表現の勉強にもなる」とアドバイスしてくれたのです。

こんな勉強を5年以上続けた結果、スピーキングやライティングは依然からっきしでしたが、リスニング能力については手応えを感じました。成果を過信し、調子に乗って在米日本大使館勤務を希望しましたが、残念ながらこれは叶いませんでした。

他方、熱望していたRCDSにはめでたく留学させてもらうことができました。199

8年のことです。日頃米国との付き合いが多い中で、冷戦終結から10年という時期に英国や欧州・中東諸国などの安全保障の考え方に触れることができたのは大きな収穫でした。

この留学を通じて、自分が常識だと思っていたことを少し相対化して考えられるようになりました。例えば、この年の12月に英国は米国とともに国連の査察を拒否したイラクを空爆しましたが、英国内での議論の争点は国際紛争に関与すること自体の是非ではなく、関与の程度が妥当かという点だけでした。自衛隊の海外派遣に対して、理由は何であれ強い忌避感を示す日本の世論とは大違いでした。

そのうち、英国民は今も大英帝国的な意識を持ち続けており、国際社会のリーダーとして世界平和に責任を負うのは当然だと考えていることに気づきました。当たり前のことですが、各国の国民感情はそれぞれの固有の歴史によって形づくられているのであり、わが国のように敗戦によって価値観の大転換を強いられた国ばかりではないということを実感しました。また、アジア中東諸国のメンバーは外国軍隊の国内駐留への反感が強く、在日米軍の存在に疑いを抱いていなかった私の感覚は全く理解されず、戦後ずっと米軍の駐留を受け入れてきたわが国の特殊性を改めて認識させられました。

国防大学のコースが終わった後には、3カ月間ほど英国国防省で研修する機会にも恵まれました。この研修では、英国におけるＰＦＩ（Private Finance Initiative：民間資金等活用事業）など民間活力導入の試みや、ソ連崩壊から10年を経てもロシアとの信頼醸成がなかなか進んでいない様子など、様々な興味深い状況を間近に見ることができました。

ですが、国防省の某課で研修していた際に省内の他課からかかってきた電話をとったところ、早口で不在者への伝言を頼まれたのには往生しました。どう処理したのかは記憶から抜け落ちていますが、英国国防省に迷惑をかけなかったことを祈るしかありません。

第2章　結果を意識した課長、内閣参事官時代

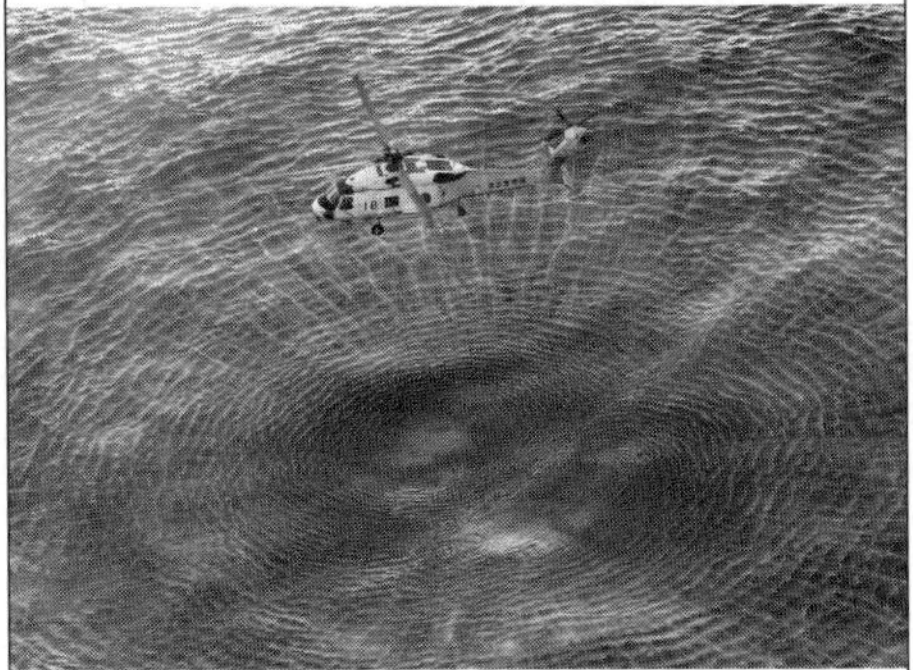

宮古島北方145キロの東シナ海で潜航潜水艦を捜索する海上自衛隊のヘリ＝2004年11月10日（写真：朝日新聞社）

官房長官に叱られた水難事故

1999年7月に運用局運用課長を拝命し、部員時代以来ほぼ10年ぶりで再び運用課に勤務することとなりました。「昔取った杵柄」で土地勘はそこそこ持っているつもりだったのですが、10年の間に内外情勢は激変し、自衛隊の行動も大きく変化していました。入庁18年にして初めて課長ポストに補職された私は、与えられた責任の重さを意識しつつも大いに高揚していました。しかし、就任直後から立て続けに発生した様々な事案のため高揚感はあっという間にどこかへ消え去り、相次いで発生する各種の事案に無我夢中で対処する毎日となりました。

課長に任ぜられてひと月も経たない8月14日の土曜日、神奈川県足柄上郡《あしがらかみ》玄倉川《くろくらがわ》の中州でキャンプ中の一行が増水した川の水に流されて13名の犠牲者を出すという玄倉川水難事故が発生しました。

現場にはテレビ局のクルーが駆けつけ、一行が力尽きて流されるまでの一部始終の映像がテレビで放映されました。一行の中には、テントの支柱につかまって濁流に抗しながらヘリでの救出を求めて指を空に向けてくるくると回す者もいました。雨雲でほとんど視界が利かないという当日の悪天候の下では自衛隊のヘリを飛ばすことはできず、休日出勤したオフィスで私はその映像を居心地の悪い気分で見ていました。

このテレビ報道が大きな反響を呼んだこともあり、後日、警察庁の警備課長などと一緒に野中広務内閣官房長官に呼ばれ、自衛隊や消防、警察などの対応について厳しく追及されることとなりました。なぜヘリを飛ばさなかったのか、基地から飛んで行けないなら現場近くまで車で運んで飛ばせばよかったではないか、農薬散布ヘリなどはそうやっているのに自衛隊や警察はなぜできないのか、ヘリが無理なら水陸両用車は使えなかったのか、戦車は川を渡れるのではないか、とまで問われて叱責されました。

もちろん、ヘリの運航基準や戦車の性能などについて説明はしたのですが、官房長官は最後まで得心がいかない様子でした。その時は正直「なぜそんな無理を言うのか」と思いましたが、後になってから、官房長官が問いたかったのは戦車を使わなかった理由などではなく、本当に先入観なしにあらゆる手段を検討したのかという点だったのではないかと気がつきました。確かに、私自身もヘリ以外の選択肢は思い浮かばず、「結果を出すために使えるものは全て使う」というアプローチが出来ていたとは言えませんでした。

災害救助を含め、危機管理は結果が全てです。政治家は選挙民から常に具体的な結果を求められるため、結果を出すことに対して極めて敏感です。これに比べて防衛庁を含め中央官庁の役人は直接の現場を持っておらず、現場で求められる結果をイメージしにくい立場にあります。このため、ともすれば役人は結果よりも制度や手続き、手順を重視する傾向に陥りがちだと言えます。

また、当時は自衛隊の災害派遣やPKO活動が増え、実動を通して結果を求められる機会が増えつつありました。玄倉川水難事故はそうした変化のさなかに発生した事案であり、官房長官の叱責により自分に欠けていたものを突き付けられたように感じました。

もちろん、当時の自衛隊や警察、消防の能力を客観的に考えれば、中州に取り残された人々を救出するのは極めて困難だったと言わざるを得ません。しかし、私自身はこの一件をきっかけとして、手続きや手段などの固定観念にとらわれずに「結果を出す」ということを意識するようになりました。

「都庁へ机を持っていけ！」

全く予想できない形で最低最悪の板挟みに遭ってしまったのは、運用課長になりたての頃、1999年夏のことでした。

毎年9月1日は関東大震災にちなんで防災の日とされ、国も都道府県も一斉に防災訓練を行います。特に、阪神淡路大震災の際に自治体と自衛隊との連携の重要性が指摘されて以来、ほぼ全ての地方自治体が自衛隊と合同で防災訓練を実施するようになっていました。

東京都とその周辺の主要自治体も政府と連携しながら毎年実動訓練を行い、自衛隊もこれに参加していました。

この年4月に新たに就任した石原慎太郎都知事は自衛隊の活用に極めて熱心で、自衛隊の大々的な参加を得て従来よりもはるかに大掛かりな実動防災訓練を都内で実施したいと考えていました。同年7月のある晩、都知事は中曽根康弘元総理とともに時の小渕恵三内閣総理大臣と会食した際にこの件を話し合い、翌2000年に自衛隊も参加する実動形式の大規模防災訓練を都内で実施するとの構想を打ち出しました。

報道各社は一斉に飛びつき、早速その晩に「都内で自衛隊も参加する大規模防災訓練実施へ」というニュースが流されたのです。新米運用課長の私は、このニュースを聞いて「これは来年に向けて忙しくなるなあ」と漠然と思っただけで、この件のもう一つの側面には全く思いが至りませんでした。それは、「面子《メンツ》」という厄介な問題でした。

本件の発案者が、熱心な自衛隊活用論者の都知事だということは報道からも明らかでした。自衛隊の最高指揮官は総理ではありますが、防災訓練への参加についての担当閣僚は防衛庁長官です。本件は、都知事が防衛庁長官の頭越しに勝手に総理と直談判してマスコミに打ち上げたという構図になってしまったのです。どんな人でも頭越しにいきなり上司との間で直取引をされたら良い気持ちはしないし、怒りだす人も多いでしょう。まして大臣は政治家なのですから、推して知るべしです。

さらに私にとって具合が悪かったことに、この構想は既に東京都の防災担当から運用課へ内々に伝達済みだったのです。しかし、翌年の案件だったこともあり、そのうちに公表時期などについても事務的に事前調整があるのだろうと思い込んでいたため、大臣への報告はなされていませんでした。

よく考えてみれば、本件は政治家である都知事のアイデアなのですから、事務的調整なしに突然公表される可能性は十分にあったわけです。そこに思いが至らずに、都からの耳打ちをそのままにしておいたのは迂闊でした。

このため、報道の後におっとり刀で説明に駆けつけた私は、防衛庁長官（野呂田《のろた》芳成《ほうせい》氏＝編者注）から「都庁へ机を持っていけ！」と厳しく叱責されました。自分に説明もしないで都とよろしくやっているのなら、という意味だったのでしょう。

しかし、自衛隊が防災訓練に参加すること自体は防衛庁にとっても悪い話ではないし、三巨頭が一致して推している以上は行政的にも政治的にも待ったがかかる理由はありません。その意味するところは、大臣の面子は一向に回復されないまま、翌年の大規模実動訓練に向けて準備が進み始めるということです。

ここに至って事柄の重大性と筋の悪さに気づいて青くなった私は、庁内幹部や自民党関係者などに善後策を相談してまわったのですが、相手が三巨頭ということもあってかどこからも良い知恵は得られませんでした。それどころか、「都知事は強烈だぞ。グズグズしてないで早く大臣に鈴をつけないと大変なことになるぞ」とカツを入れられる始末でした。

都庁かと思えば沖縄へ？

困惑しきっていたところ、数日後、予想もしていなかった方向から事態を決定的に悪化させる追い打ちを喰らいました。

それは、翌年の訓練ではなく、その年の9月1日の防災訓練に関する新聞記事でした。「護衛艦、都の防災訓練参加へ」という見出しがついた1面トップのその記事は、帰宅困難者の避難輸送のためにその年9月1日の東京都総合防災訓練に初めて自衛隊の護衛艦が参加するという内容でした。

記事が出た朝、防衛庁長官の秘書官が「おかんむりだよー」と運用課の部屋へ飛んできました。東京都が調整中の計画案を漏らしてしまったらしく、担当課長の私もまだ詳しく知らないような内容で、当然大臣は何も知らされていませんでした。

論調は旧態依然の自衛隊警戒論で、内容も細部が不正確な記事でした。既に世間では自衛隊の防災訓練参加を問題視する雰囲気は薄れていたので、普通なら無視されたかも知れないような記事でしたが、翌年の訓練の件の直後だったのでそれでは済みませんでした。呼びつけられた私は、大臣にこっぴどく叱り飛ばされました。

その後、海幕と協議して使用する護衛艦を差し替えたりしたのですが、大臣の怒りは収まらず「お前なんか沖縄に飛ばしてやる」とも怒鳴りつけられました。私は大臣の怒りの大きさは受け止めたものの、沖縄云々については真に受けておらず「東京都から沖縄か。一足飛びにずいぶん遠くまで飛ばされちゃったなあ」などと苦笑いして済ませていました。

ところがその日の夕方、官房長に呼ばれ「大臣と何があったんだ？　お前を沖縄に飛ばせって言うのでとりなしておいたけど」と言われたのです。官房長と言えば職員人事の責任者です。この時は、「大臣は本気で沖縄に異動させるつもりだったんだ」とさすがに冷や汗が出ました。

その晩帰宅して妻に話したところ「沖縄？　いいわね。ついて行くわよ」と微妙に的を外した対応をされ、少しだけショックは和らぎました。そうは言っても9月1日には防災訓練を実施しないといけないので、その後も大臣に対して何度かリカバリーを試みたのですが、頑として説明を聞いてもらえず、訓練の実施に必要な大臣決裁は最後までもらえませんでした。一方、訓練そのものは例年通り行ったので、誰かに代決してもらったはずなのですが、細かいことは思い出せません。

当時私は40歳を超えたばかりでしたが、「面子」の機微は理解していなかったばかりか、自衛隊が実動の防災訓練に参加して都内で活躍するのは防衛省にとって望ましいことなので、防衛庁長官を務めている人がよもやそれほど怒るまいとタカをくくっていました。

都の構想を大臣まで事務的に説明さえしておけば展開は違ったはずですが、物事がここまでこじれてしまうとなかなか挽回することはできません。かくて私は初めての課長ポストで、大臣に睨まれて胃が痛くなるような8月を過ごしました。

「足して2で割る」ではない

後年担当した普天間移設などを始めとする沖縄米軍基地問題は、常に米軍と地元沖縄県との間の板挟みでした。沖縄に関しては、防衛大臣と米国防省との間で危機一髪の板挟みに遭ったこともありました。

変わったところでは、官房文書課の先任部員として庁舎内を原則禁煙とする施策を担当したところ、愛煙家の先輩、同僚、後輩と禁煙派の医師らとの間に挟まれて調整に苦労するという経験もしました。さらに、官房にいれば国会議員の先生方と自衛隊の部隊との間に挟まれることも多々あります。

このように、上と下、上と横、右と左など挟まれる方向は色々ですが、役所の仕事には多かれ少なかれ板挟みの要素が含まれています。もしかすると、役所だけではないかも知れません。また、仕事だけでなく一般社会の人間関係にも似たようなところがあります。

板挟みに遭った時には、単純に両者を足して2で割って間をとればよいというものではありません。自分を挟んでいる両者の意見をよく聞いて、その間のどこが適切な落としどころなのかを考え抜いて結論を出す必要があります。両者との間で信頼関係を構築し、それぞれの本音を引き出すことで、初めて八方円満に収まるような落としどころを見つけることができるのだと思います。

東海村で日本初の臨界事故

続いて1999年9月には茨城県東海村において東海村JCO臨界事故が発生しました。これは、核燃料加工施設で安全基準を守らずにバケツを使って作業していたところ、誤って核分裂連鎖反応を起こしてしまったという前代未聞の臨界事故でした。わが国で初めての臨界事故に直面し、自衛隊は臨界を止めることもできるのではないかと期待されて対応を求められました。

確かに、地下鉄サリン事件で活躍した自衛隊の化学防護部隊は、残留核物質や化学物質から乗員を防護できる気密性の高い化学防護車や汚染された人員・装備を洗い流す除染装備などを保有していました。しかし、これらは核兵器や化学兵器などが使用された後の汚染された環境下で安全に行動するための装備で、現に臨界反応が起きていて放射線がどんどん放出されているような場所へ安全に接近するためのノウハウや装備は皆無でした。

このため最終的には、事業者自身が臨界を止める作業を実施し、自衛隊は東海村周辺で放射線検知や住民の除染活動などに従事することになりました。核兵器や化学兵器を保有していないのですからこれは当然の結果でしたが、これを機に特殊災害への備えの重要性が認識され、放射線が放出されている環境下で自衛隊はどのような行動をすべきかについても検討が開始されました。

核防護や化学防護と言っただけで「すわ自衛隊は核兵器や化学兵器を保有しようとしている」と批判されるような雰囲気に慣れてきた身としては正直戸惑いも感じましたが、同時に「これはいよいよ何でもありの状況になってきたな」という強い危機感を持ちました。

「プレハブと毛布の一体化論」

私が運用課長を務めていた2年間は、トルコとインドでの大地震、東チモール独立運動の混乱などにより、国際緊急援助活動のための自衛隊派遣が続いた時期でした。当時の自衛隊はまだ海外派遣について経験が浅く、その都度手探りで対応する状態でした。私自身にとっても初めてのことだらけで、様々なところで失敗したり叱られたりを繰り返しながら、「求められている結果」を目指して走り続けることとなりました。

ちょうど東海村原子力事故が発生し陸上自衛隊の部隊が対応していた頃、海上自衛隊はトルコへプレハブ住宅の部材を運ぶ準備に忙殺されていました。この年8月17日、トルコはM7・6の大地震に見舞われ、1万7千名を超える死者を出し、60万人が家を失いました。日本政府は、地震で住居を失ったトルコの被災民のために阪神大震災の際に仮設住宅として使われたプレハブ（通称「神戸ハウス」）を送ることを決定し、これを国際緊急援助活動として海上自衛隊の輸送艦が運ぶこととなりました。

輸送準備に明け暮れていたところへ、あるNGOから「備蓄している毛布をトルコの被災民へ送りたいのだが輸送手段が確保できない。ついては神戸ハウスを運ぶ海上自衛隊の輸送艦に一緒に積んで持っていってくれないか」という依頼がありました。「トルコはこれから冬に向かい寒さが厳しくなるが、神戸ハウスに暖房はついていない。ならばせめて毛布も一緒に配って被災民に暖をとってほしい」というのがそのNGOの想いでした。

早速実行に移そうとしたところ、法令解釈担当部署から「明確な法的根拠がないのではないか」という意見が出てきたのです。法律上自衛隊が実施できる国際緊急援助活動は、救援、医療、防疫等の活動と「これらの活動に必要な人員・物資の輸送」に限られています。このケースでは、現地でプレハブを組み立てて被災者に提供することが救援活動なので、神戸ハウスの輸送は救援「活動に必要な…物資の輸送」に当たります。他方、毛布がこの場合の「活動に必要な…物資」に当然該当すると言えるか疑問だというのが法令解釈担当部署の見解でした。

私自身も以前に法令解釈を担当した経験があったので、その慎重な態度はある程度理解できました。自衛隊は実力組織であり、出動に関する法手続きは特に厳格に遵守する必要があります。まして海外での活動となれば、慎重な上にも慎重を期さなければなりません。当時は前年にハリケーンで被害を受けたホンジュラスへ初めての派遣を行ったばかりで、国際緊急援助活動については未だ若葉マークの段階でした。活動経験が乏しく万事に慎重な対応をとっていた時期なので、いきおい法律も厳格に解釈していたのです。

しかし、トルコへ毛布を運ぶことは、誰かに対して実力を行使するようなものではないし、誰かの権利を制限するような行為でもありません。むしろ、私には「輸送艦には毛布を積む十分なスペースがあるし、運べばNGOも助かるし、何よりもトルコの被災民も喜ぶだろう。誰も困らず、むしろ皆が喜ぶのだから野党からもマスコミからも批判されるはずがないし、むしろこれを実行しない方が批判される」と感じられました。

このため、毛布の輸送は輸送艦の余ったスペースを活用して行うものであり法的効果のない事実行為であるという「事実行為・余席活用論」や、毛布はプレハブ住宅で使う暖房用品であり神戸ハウスと一体のものであるという「プレハブと毛布の一体化論」などを主張し、何とか法令解釈担当部署を説得して実施に漕ぎつけました。当然、どこからも批判はされず、毛布は無事にトルコへ届けられました。

深夜会議で怒りだした幹部

2001年1月に発生したインド大地震に際しては、被災民のためにテントを空輸し組み立てるという国際緊急援助活動を実施しました。通常、国際緊急援助活動は相手国政府からの要請に基づいて計画され実行されますが、この時にはインド政府の要請内容が二転三転しなかなか固まりませんでした。発災直後で状況が混乱していたことに加え、他国の軍隊に自国領土内へあまり入ってきてほしくないという意識も働いたのだと思います。

外務省を通じて先方のニーズを確認していたところ、当初は医療支援の要請があったのですが、その後医療については既に他国から十分な支援を受けているので不要ということになりました。代わって、支援物資がほしいとの希望が寄せられ、最終的には避難民用のテントを提供するということに落ち着きました。

ちょうど成田空港そばにＪＩＣＡ（国際協力機構）の援助物資のテントが備蓄されてい

たので、これを航空自衛隊のC130輸送機で現地まで運ぶこととなりました。単なる物資輸送では法律解釈が難しいため、陸上自衛隊の要員が災害救援の一環としてテントの組み立てを行い、テントはこれに必要な資材と位置付けて輸送することとなりました。

外務省や陸自、空自との間で事務的な調整が整い、大臣の了解を得るための庁内の会議が夜中の10時過ぎに防衛庁で開かれることとなったのですが、大急ぎの調整だったため出席者に対して事前説明をする余裕はなく、ほとんどぶっつけ本番の会議となりました。すると、会議の席上で初めて事情を聞かされたある幹部が怒りだしたのです。

彼は、政党の部会のようなノリで「医療支援と聞いていたのになぜ変わったのか。外務省はインドと何を調整してきたのか。なぜこの会議に外務省が出てきて説明しないのか！」などと怒鳴り始めたのですが、外務省の人間が防衛庁内部の会議に出席しているはずもありません。私は居並ぶ先輩幹部の誰かがしかるべくとりなしてくれることを期待したのですが、あまりの剣幕にみな無言で「お前、何とかしろよ」とばかりに説明者の私の方を振り返るのでした。

それればかりか、既に事務的調整が済んでいたにもかかわらず、その場の剣呑《けんのん》な雰囲気に影響された出席者の中から「テントの荷姿がわからなければ空輸できると断言できないのではないか」「テントの種類がわからなければ組み立てが可能とは言えないのではないか」などという声まで出る始末でした。この時には、生意気な言い方ですが「こういう場面で他人の助けを期待してはいけないのだ」と悟りました。

この混乱をどう切り抜けたのか、詳しいことは覚えていません。ともかく、四方から降りかかってくる火の粉を必死に払いのけながら「翌朝までに会議で提起された疑問に対する答えを詰めて、支障がなければ実施する」という大臣の決定を取り付けた時には真夜中の12時を回っていました。

それから課に戻って、外務省と調整したり、部下を成田の備蓄基地へ派遣したりしていたところ、さらに新たな火の粉が飛んできました。先ほどの会議に出席していた一人の先輩幹部が、延長戦とばかりに「今すぐ外務省の担当課長を防衛庁に呼んで共同で記者会見やれ！」と怒鳴り込んできたのです。一刻も早く活動の内容を固めようと作業に没頭していた私はさすがにムッとして「そんなことは必要だと思えないし、やっているヒマもないのでやりません」と言い返したところ、彼は怒って出ていってしまいました。

ところが、後で冷静になってから、怒鳴り込んできた幹部が強い人事権を持っていたことを思い出したのです。「もう少し言い方に気をつければよかった」と悔やみましたが、後の祭りでした。しかし、いわれのない怒りに付き合ったりせずに徹夜で作業した甲斐あって、テントの空輪と組み立て支援はなんとか無事に実施することが出来ました。

この件があった直後に私は運用課長から総理官邸勤務へと異動になったのですが、この人事について数年後に某月刊誌の中央官庁人事の噂話コーナーで（当該実力派幹部に）疎んぜられ官邸に飛ばされて「冷や飯を食わされてきた黒江」と紹介されることとなりました。あくまでも無責任な噂話なので真偽を確認するすべはありませんが、誰かしらそのように受け止めた人はいたのでしょう。

もちろん、私自身は官邸勤務が冷や飯だと思ったことは一度もありませんし、運用課長として自分がやったことについては（先輩に対する強気の態度を除き）全く後悔していません。

静かに力を蓄える中国

ところで、私が運用課長を務めていた時期を通じて、中国の海洋調査船が東シナ海で調査活動を行ったり情報収集艦がわが国を周回したりする活動が目立つようになりました。その頃、海上自衛隊の翌年度の訓練計画について海幕と議論したのを今でも鮮明に記憶しています。当時の齋藤隆海幕防衛部長は後に海幕長、さらに統幕長を務められた方でしたが、「最近、中国海軍が東シナ海へ頻繁に進出して訓練や演習を行うようになっている。押し込まれないように、こちらとしても来年度は東シナ海での訓練・演習の機会を増やそ

う と考えている」とおっしゃったのです。

今でこそ訓練や演習などの平素の活動を通じて国家としての意思や能力を示すというプレゼンスオペレーションの考え方は政府内で広く共有されるようになってきましたが、当時はまだ防衛庁内でも明確に意識されていなかったため、部長の発言は強く印象に残りました。海という共通の活動領域を介して各国の海軍同士は伝統的に極めて緊密な関係を有しています。海上自衛隊も例外ではなく、三つの自衛隊の中で最もよく世界標準の考え方になじんでいます。われわれが好むと好まざるとにかかわらず、世界各国の軍隊は自らのプレゼンスの効果を考えて行動しているのだ、という現実に気づかされた発言でした。

さらに2001年4月には、中国の海南島付近で米海軍P-3C哨戒機と中国軍戦闘機が接触する事故も発生しました。この件は外交的に穏便に解決され、中国に対する国際社会の警戒感が決定的に高まることはありませんでした。しかし、1996年の台湾海峡危機で屈辱を味わった中国は、巻き返しを図るため爪を隠して能力を蓄えるといういわゆる「韜光養晦《とうこうようかい》」路線に従って静かに実力を蓄え、自国の国益を守るとともに既存の国際秩序に挑戦する機会を狙っていたのです。

今から20年も前の時点で既に中国海軍の行動に注目し、これに対応しようとしていた先見性は、まさに海上自衛隊の優れたプロフェッショナリズムのあらわれだと思います。

中東出張でなぜかロシアへ

運用課長時代には、海外出張でイスラエルを目指したのにロシアへ連れて行かれたという とんでもない経験をしました。

2001年3月に、ゴラン高原の国連PKO部隊（UNDOF）に派遣されていた陸自部隊を視察するため、シリアとイスラエルを訪問しました。陸自部隊は兵力引き離し地帯を挟んでシリア側のファウアールとイスラエル側のジウアニという2カ所の宿営地に分散配置されていました。われわれは、まずシリア側の視察を終えた後、ダマスカスからイスタンブール経由でテルアビブへ向かおうとしていました。当時、シリアから直接イスラエルへ向かうことは許されていなかったのです。

ところが、サウジアラビアから戻ってくるはずの搭乗便が巡礼で混雑したとかで待てど暮らせど到着しません。待つこと数時間、やっと目的の便の用意が出来てガタつく座席に収まったものの、聞こえてくる機内放送に「Moscow（モスクワ）」がやけに頻繁に登場し、「Istanbul（イスタンブール）」が一向に出てこないことに気がつきました。もともとイスタンブールの後にモスクワへ回る便だったので、髭面の男性CAを捕まえて確認すると、なんと「Moscow first!」とこともなげに答えるのです。

「イスタンブールが先だったんじゃないのか？」と詰問すると、「なにか困るのか？」と逆ギレされ、イスラエルに今日中に到着する必要があるとは言えずあわてて誤魔化しました。そう言えば機内にはロシア系らしい白人の姿が目立ったので、おそらく出発が大幅に遅れて苛立っていたロシア人乗客の機嫌を取るため急きょ目的地の順序を変えたのだろうと思い当たりました。昔も今もシリアとロシアは親密な関係にあるのです。

もしかすると、ダマスカスで搭乗する前に行き先の順番が変更されていたのかも知れませんが、私だけでなくその場にいた駐在官を含めて誰一人気づいていなかったので、私の英語力不足だけが原因ではなかったように思います。さらに、もうすぐモスクワに着陸するとのアナウンスが流れると、ロシア人たちは一斉に携帯電話を取り出して（多分自宅と）話し始めるのです。われわれはＴｕ－１５４という古いロシア製の航空機に乗っていたので、無事着陸できるのか不安でした。

こうしてモスクワ経由でイスタンブールに到着したのは既に真夜中過ぎで、予定外のトルコ泊をせざるを得なくなりました。空港のインフォメーションで探してもらったホテルに転がり込み、とりあえず東京へ連絡すると、電話の向こうから「一体どこにいるんですか、課長!?」と焦った声が響いてきました。テルアビブの駐在官は「予定の便に乗っていなかった」と報告したのに対し、ダマスカスの防衛駐在官は「遅くなったが確かに送り出した」と答えたため、東京では「運用課長ら行方不明!」と大騒ぎになっていたのです。

官邸連絡室

2001年5月、私は内閣参事官(課長クラス)として総理官邸に勤務することになりました。総理の首席秘書官の指示を受けながら特命事項を担当し、事務秘書官らとともに総理を支えるという仕事でした。歴代内閣では、政務の首席秘書官と大蔵、外務、警察、通産の各省庁から派遣された4人の事務秘書官が総理を直接支えていましたが、この年4月に発足した小泉純一郎内閣は首席秘書官の飯島勲氏の発案でこの体制を拡充しました。上記の4省庁以外の5つの役所から集めた課長クラスの人間で「官邸連絡室」と呼ばれるチームを作り、事務秘書官らと一体となって総理をサポートすることとしたのです。防衛庁も5省庁の一つとして招集され、年次的に適合していた私が派遣されたのです。

最初に官邸連絡室のオフィスとして割り当てられたのは旧官邸1階の一角にあった副総理室で、奥には古びた浴槽を備えた小部屋も付属していました。この副総理室は、昔、緒方竹虎副総理が使っておられたという噂でした。1年後の2002年4月に新たな官邸が竣工すると、新官邸4階の1室をオフィスとして割り当てられました。その頃から、連絡室に所属する5人の参事官のうちの一人が、1週間交代で5階の総理秘書官室に勤務するという慣行が出来ました。この週番勤務や総理を囲む昼食の場などを通じて、われわれは総理の言葉や息遣い、総理周辺の反応などを体感することになりました。

官邸連絡室の参事官の仕事は多様でした。2001年5月に小泉総理がハンセン病訴訟の控訴を断念するという歴史的な決断を下した際、これを談話の形にまとめたのは厚生労働省から連絡室に出向していた参事官でした。この一事で、出来たばかりの官邸連絡室の存在が大きくクローズアップされました。このように総理の強いこだわりのある施策を省庁の反対を押し切って進めるための先兵の役割を果たすこともあれば、ボトムアップで重要な情報を総理の耳に確実に入れるという役割もありました。ある時、党首討論の冒頭で野党党首が「日本の食料の自給率についてご存知ですか、総理」と質問しました。総理が知らないような細かい数字を問うて動揺を誘い、ペースを乱す質問戦術です。

ところが総理はこの挑発を「何か試験官にテストされる生徒みたいなことでありますが」と受け流しながら「カロリーベースでは大体40パーセント、取り方によってお米は90パーセント以上」と平然と答えられたのです。先制パンチを繰り出したつもりだった野党党首は鋭いカウンターを喰らって腰が砕け、この日の討論は総理ペースに終始しました。「農政について」という漠然とした通告から食料自給率の質問を予想し、直前に総理へ丁寧に説明した農林水産省出身の参事官のファインプレーでした。私はと言えば、こういう際立った活躍とは無縁で、ひたすら総理と防衛庁をつなぐ仕事に集中していました。

「国民は全く理解できないよ」

官邸連絡室勤務を通じ、行政万般に責任を有する総理は当然のことながら極めて忙しく、個別の省庁の案件にさける時間はほんの僅かしかないということに気づかされました。そんな短い時間で総理の了解を得るためには、プレゼンテーションのやり方を相当工夫しなければなりません。仕事柄、当時は関係省庁の総理説明をバックシートで聞く機会が多かったのですが、防衛庁からの説明には多くの場合あまり工夫を感じませんでした。ここにも、政策の内容は重視するがプレゼンの工夫を軽んじるという防衛庁内部部局の伝統的な悪弊が表れているように感じました。

事務方として総理や大臣の答弁資料を作る際にも、同じような工夫が必要です。防衛省が作成する答弁資料には憲法問題など慎重な取り扱いを要する機微な論点が多く含まれているため、セットフレーズ（決まり文句）が多用されています。迂闊に変更して「憲法解釈の変更ではないか」といった批判を招かないためです。自分も原局原課に勤務していた頃は、深く考えずにそうしたフレーズや専門用語をふんだんに用いて長々としたわかりにくい答弁資料を書いていました。しかし、そうしたお役所言葉では国民に対する訴求力は生まれません。

早朝の総理答弁レクで憲法問題に関する伝統的な答弁を説明していたところ、「君、こんなわかりにくい説明じゃ国民には全く理解できないよ」と小泉総理ご自身からたしなめられたこともありました。

政治家である総理や大臣の答弁は、使い手の立場に立って考え抜いて作るべきであり、事務方の常識に漫然と従って書いてはならないということを痛感させられた出来事でした。

9・11米国同時多発テロとその後の対応

2001年9月11日の夜は、関東を直撃して風雨をもたらした台風15号が過ぎ去り、蒸し暑くなりました。台風の動きを気にしながら総理官邸で1日を過ごした私は、早めに帰宅して夕食を済ませ、テレビでBS映画劇場を見てくつろいでいました。映画が半ばに差し掛かった頃、携帯電話が鳴りました。着信通知を見ると旧知のNHKの記者からで、「いまニューヨークのビルに飛行機が突っ込んだ。何か知らないか?」という問い合わせでした。急いでテレビのチャンネルを変えると、黒煙を上げる高層ビルのニュース映像が飛び込んできました。「まったくわからない」と答えて電話を切り、すぐに着替えてタクシーで官邸へ向かいましたが、その間にもう1棟のビルにも航空機が突入し、どうもテロらしいという報道が流れ始めました。それを聞いて、瞬間的にトム・クランシーの小説『日米開戦』のラストで日本人パイロットが旅客機で米議会に突入する場面を連想しました。旧総理官邸の連絡室に到着すると、同僚の国土交通省出身の参事官が既に登庁していました。世界貿易センタービルだけでなく、ペンタゴンにも航空機が突っ込んだらしいという未確認情報が流れてきて、二人でテレビニュースを見ているうちに貿易センタービルの1棟が崩落しました。

信じられない映像に呆然としていたところ、小泉総理以下主要な幹部が公邸に集まっているという連絡があり、われわれもそちらへ合流しました。公邸の小部屋に官邸幹部が集まって当面の対応を話し合っていました。連絡室のほかの参事官も来ていました。その際、ある幹部から「自衛隊が在日米軍基地を警備することはできないか」と問われ、とっさに「自衛隊と米軍が共同使用している基地なら可能性はありますが、単独で使用している基地は米軍が管理権を持っており、基地の外は警察の管轄なので自衛隊が警備することは難しいです」と答えました。また、テロ現場での救援活動に参加するため国際緊急援助隊を派遣する案も出て、航空自衛隊が運航する政府専用機を緊急援助隊の移動用にスタンバイさせるよう真夜中に防衛庁に依頼しました。

そうこうするうちに、官邸の危機管理センターに対策本部が設置されて各省庁のスタッフが集まっているということだったので、総理以下そろってセンターへ移りました。当時はちょうど現在の官邸を建築している最中で、危機管理センターは旧官邸の前庭に建てられた簡易な建物に仮住まいしていましたが、同じ建物のすぐ下の階には官邸記者クラブが入っているというなかなかスリリングな配置でした。

危機管理センターでは、総理を中心に閣僚や主要な事務方幹部が会議机に陣取り、周囲では多数の事務方が作業をしていて、フロア全体が騒然とした雰囲気に包まれていました。情報を事務方同士で共有しようとする声がついつい大きくなり、たまりかねた総理ご自身が「落ち着いて、落ち着いて」と制する場面もありました。その夜は混乱しながらも状況把握と対応案の検討が進められ、後刻改めて安全保障会議を開いて当面の対米支援策を決定することとなりました。とっくに日付は変わっており、既に明け方が近かったように記憶していますが、閣僚らは解散し、事務方はセンターに残って詰めの作業を続けました。私は同僚の参事官たちと一緒に連絡室へ戻って仮眠をとりました。くつろいで映画番組を見ていたのがずっと昔のことのように感じられました。

翌朝の安全保障会議では、①情勢の的確な把握、②国際緊急援助隊の派遣検討、③国内の米国関連施設等の警戒警備の強化、④国民に対する適切な情報提供、⑤国際テロに対する関係国との協力の下での対応、⑥世界及び日本の経済システムの混乱回避、などの方針が決定されました。

アフガン戦争と洋上給油

その後、日本政府内では対応策の実施に向けた準備が急ピッチで進められました。テロ行為を非難する国連安保理決議も採択され、わが国も各国と協調して対応する姿勢を鮮明にしました。米国は既に何度もイスラム過激派のテロの標的となっており、本件に対しては大規模な軍事行動によって報復するだろうと予測されました。特に、前々からテロリストの訓練キャンプが存在すると言われていたアフガニスタンが標的として取り沙汰されていました。政府内では、テロ発生直後から米国の軍事行動に対してどのような支援が可能か検討されていましたが、根拠になる法律がなかったため新規立法も視野に入っていました。

テロ発生からおよそ2週間後の9月24日、総理は訪米してブッシュ大統領やジュリアーニ・ニューヨーク市長らと会談しました。この訪米には私も随行し、貿易センタービルやペンタゴンなどテロ発生現場も視察しました。2週間経っても現場には焦げ臭いにおいが漂っており、破壊と炎上の凄まじさがうかがえました。テロの現場を目の当たりにし、「世界が変わってしまった」という思いにとらわれました。冷戦を勝ち抜き唯一の超大国として君臨していた米国のニューヨークとワシントンという二大政経中枢が、ほんの一握りのテロリストによる無差別攻撃に遭って3千人近い犠牲者を出したのです。20名を超える邦人の死者・行方不明者を出したわが国にとっても決して他人事ではありませんでした。

翌10月にはテロの脅威に対してあらゆる手段を用いる用意があるとする国連安保理決議に基づき、テロリストの引き渡しを拒んだタリバーン政権下のアフガニスタンに対し米国など有志国連合が軍事行動を開始しました。わが国も湾岸戦争の失敗を教訓として迅速に対処し、異例の速さで新規の時限立法としてテロ対策特措法を成立させました。当時、有志国連合の艦艇はインド洋においてテロリストや武器の移動、あるいは麻薬などのテロ資金源の輸送を防ぐため海上阻止活動を実施していました。テロ対策特措法は、この活動を実施している有志国連合の艦艇に対して洋上で給油支援を行う権限を海上自衛隊に付与するものでした。同法の成立とともに、海上自衛隊艦艇は速やかにインド洋へ派遣されました。この活動は、史上初めて自衛隊が「戦争支援」を行うものでした。

暴走する北朝鮮

国際社会が国際テロという従前の国家間紛争とは全く異なる形の脅威への対処を迫られ

る一方で、わが国は北朝鮮と中国という旧来型の脅威にも直面することとなりました。

特に北朝鮮は、1998年8月にわが国を飛び越える軌道で弾道ミサイルを発射するという暴挙に出ました。さらに、1999年3月には能登半島沖で北朝鮮のものと思われる不審船が発見され、自衛隊史上初の海上警備行動が発令されるという事案が発生しました。

そうした中、2001年12月22日の土曜日、官邸連絡室に勤務していた私は、北朝鮮のものと思われる不審船が九州南西海域で発見され海上保安庁の巡視船が追跡しているとの連絡を受けて危機管理センターに登庁しました。2年前の能登半島沖の事案から教訓を学んだ海上保安庁は、航空機と巡視船で長時間にわたり粘り強く追跡して停船・検査を試みました。追跡の一部始終は危機管理センターのモニターでフォローしていましたが、深夜になって突如不審船から銃撃が開始され一気に状況が緊迫しました。巡視船も応戦して銃撃戦となったところ、唐突に不審船が爆発・炎上し沈没したとの報告が入ってきました。不審船の乗員が波間に浮いていて海上保安庁が救助を試みているとの知らせもありましたが、ほどなく救助を拒否して皆沈んでいったとの報告がありました。現場で撮影された動画には銃撃戦の最中に不審船からロケット弾と思しきものが発射される様子が映っており、翌日これを見せられた時には慄然としました。翌年の秋に引き揚げられた不審船からは数々の武器が発見され、わが国に対する北朝鮮の侵入工作の一端が明らかとなり、国民に衝撃を与えました。

不審船が引き揚げられた直後の2002年9月17日、電撃的に小泉総理が訪朝して初の日朝首脳会談が行われました。この会談により日朝平壌宣言の合意や拉致被害者とその家族の帰国など画期的な進展がありました。しかし、北朝鮮は2003年にまたもNPT脱退を宣言し、核・ミサイル開発に邁進しました。日本政府は同年12月、米国の核の傘を補強するため弾道ミサイル防衛システムの導入を決定しました。

事態対処法制の整備

1984年、入庁4年目で長官官房法制調査官室の主任だった私は、いわゆる有事法制研究の第二分類の取りまとめに参画しましたが、この研究成果はすぐには立法化されませんでした。

法制調査官室は、防衛庁関係の法令の解釈や法令案の立案に当たる部署で、現在の文書課法令審査に当たります。有事法制研究は、1977年に、福田赳夫総理の了承の下に、三原朝雄防衛庁長官の指示によって開始され、「自衛隊の任務遂行に必要な法制の骨幹は整備されているものの、なお残された法制上の不備はないか、不備があるとすればどのような事項か等の問題点の整理」を目的として、「立法の準備ではない」という前提で行われていたものでした。

防衛庁の研究においては、対象の法令を第一分類（防衛庁所管法令）、第二分類（他省庁所管法令）及び第三分類（所管省庁が明確でない事項に関する法令）に分け、第一分類については既に1981年に研究成果が公表されていました。私の担当は運輸省や警察庁などで、それぞれの省庁の所管法令に関して、有事に自衛隊が行動する上で問題がないか、あるとすればどう解決すべきかなどを議論しました。当時はマスコミ・世論の批判が強く、各省庁も警戒心を隠しませんでした。ある省庁（私の担当ではありませんでした）から真顔で「自衛隊って違憲なんでしょ？」と言われたという話も小耳に挟みました。それでも1984年秋には、道交法との関係で自衛隊車両を緊急車両とする、海上交通安全法の手続きの迅速化を図る、戦死者に備えて墓地・埋葬法の特例措置を設けるなどといった第二分類の研究成果をまとめることができました。

一方で、有事における国民の避難誘導や民間船舶・航空機の運航統制など所管省庁が明確でない事項に関する法令を対象とする第三分類については、一応内閣官房が取りまとめることまでは決まっていましたが、研究はほとんど進みませんでした。

しかし、冷戦が終結し、危機対応組織としての自衛隊に対する期待感が高まるとともに、有事法制に関する国民意識も前向きなものに変化していきました。これを受けて2001

年の通常国会で森喜朗総理が有事法制の立法化について「与党の考え方を踏まえて検討を開始する」ことを表明しました。この方針は次の小泉総理にも引き継がれ、政府内で検討作業が本格化しました。内閣官房副長官（事務）の下、内閣官房安危室が中心となって、テロ対策特措法の立法作業と並行しながら関係省庁との調整を進めました。

小泉総理は「備えあれば憂いなし」という簡潔明瞭なメッセージを発し、国民に有事法制の整備の必要性を訴えるとともに、立法作業の節目ごとに強い指導力を発揮しました。

当初、有事法制の原案は他国からの侵略だけを対象としていたのですが、総理の指示によりテロや不審船など国民が緊急性が高いと感じている事態をも対象に入れることになりました。これにより、「有事法制」という名称も「事態対処法制」に変わりました。

また、既に成果がまとまっていた有事法制研究の第一・第二分類の立法化を優先しようというのが政府・与党内の多数派の考え方でしたが、積み残されていた第三分類の方が、住民の避難誘導や民航機・民間船舶の運航統制の在り方など国民生活に影響を与える内容を多く含んでいました。この点について総理は「第一分類、第二分類などという政府内での専門的・技術的な区分は国民には理解されない。国民生活に影響を及ぼす法制も含めて全て一括して法制化すべきだ」と極めて強く主張して譲りませんでした。さらに、定例のぶら下がり会見でそのまま持論をお述べになり、それが既定方針となってしまいました。

ところが、連立与党の公明党は、第三分類の法制を戦前の国家総動員的なイメージでとらえて警戒し、第三分類の立法化を後回しにすべきだと強く主張していました。一括処理を主張する総理と公明党との間で板挟みになった内閣官房は、悩み抜いた末に二つの打開策を考え出しました。一つ目は、「第三分類」というカテゴリーを「国民保護のための法制（国民保護法制）」と整理し直したことです。二つ目は、国民保護法制の整備時期です。第一・第二分類とは異なり研究が進んでいなかったのは事実だったので、研究成果を待っていれば全体の立法化が年単位で遅れてしまいます。それを避けるため、法案の中に国民保護法制に関するプログラム規定（立法化の期限や立法内容などの方向性を条文に明記して約束するもの）を盛り込んだのです。これらの打開案により最終的に公明党の同意も得られて、2002年4月にようやく法案が閣議決定されました。

さらに、総理のリーダーシップは、国会審議においても発揮され、民主党の意見も十分に取り入れるべきことを政府・与党の幹部に一貫して強く指示し続けました。

この方針により、同年の通常国会・臨時国会では法案は継続審議となって与野党調整が続けられ、翌2003年の通常国会に至ってようやく修正協議が整いました。その結果、事態対処法案は与野党の圧倒的多数の賛成によって可決され成立し、1年後の2004年6月には国民保護法も成立しました。

イラク戦争

ブッシュ米大統領は、アフガン戦争を開始した後の2002年1月の一般教書演説で、北朝鮮、イラン、イラクの3カ国を「悪の枢軸」と呼び、大量破壊兵器を開発・保有し、国際テロを支援しているとして名指しで非難しました。

わが国は国連を中心とする平和的解決を主張し、それを米国にも直接求めましたが、米英両国はイラクに対する武力行使へと突き進みました。わが国政府は、外交努力を継続しながら内部では武力行使が行われた場合の対応措置についても検討を進めました。

最終的に、米英を中心とする多国籍軍は2003年3月19日（日本時間20日）にイラクに対する軍事行動を開始しました。総理は開戦と同時に直ちに武力行使の支持を表明するとともに、緊急人道支援等の措置を発表しました。実はこの年、私の両親は結婚50年の節目を迎え、3月21日に山形で金婚式を行うことになっていました。私も帰省して参加し遅ればせながら親孝行の真似事をする予定だったのですが、開戦により残念ながら出席はかないませんでした。

この戦闘によりイラクのサダム・フセイン政権は打倒され、同年5月にはブッシュ米大統領が主要な戦闘の終結を宣言しました。しかし、その後もイラク国内では多国籍軍の暫定統治に対する武装闘争が後を絶たず、長期にわたる内戦状態に陥りました。

イラクにおける人道復興支援活動の開始

戦闘終結宣言後の同年7月、イラクにおける人道復興支援等を可能とする特別措置法が国会を通過しました。洋上給油という形でアフガン戦争を支援したわが国でしたが、イラクの陸上で戦闘を直接支援するのはハードルが高く、国連PKOなどで経験済みのインフラ整備などの復興支援を担うこととなりました。

法成立後、人道復興支援活動のニーズがあり、なおかつ非戦闘地域の要件に合致するような派遣先を探すため、政府は現地調査を重ねました。そのさなかの2003年11月、イラク国内で2人の日本人外交官が銃撃に遭って殉職するという痛ましい事件が発生しました。この事件の直後、ある外務省幹部がつぶやいた一言が忘れられません。

「自衛隊は憲法の制約があるので、海外で戦闘に巻き込まれないように安全な場所で安全な活動を行うよう求められる。しかし、自分たち外交官の安全は誰も気にしない」

自衛隊の海外派遣に当たって、防衛省は当然のことながら外務省と緊密に連携しますが、両省の思惑は必ずしも100パーセント一致するわけではありません。外務省はわが国の国際的地位を向上させるため、できるだけ多くの事案にコミットし、できるだけ多くの活動に自衛隊を参加させたいと考えがちです。これに対して防衛省は、総論賛成・各論精査という立場から、わが国の安全保障に直接関係する活動に限りたいという姿勢になりがちです。通常時であっても、自衛隊は訓練だけでなく警戒監視や情報収集などの任務に当たっているので、隊力に余裕があるわけではありません。日本から遠く離れた外国で活動する場合には、長く伸びた補給線に苦労します。また、海外での活動は国内で必ず批判され、武器使用権限についても制約しようとする論議ばかりが先に立ち、ともすれば隊員の安全確保に懸念が生じる場合すらあります。

あくまで一般論ではありますが、防衛省側は「外務省さんは何でも出ろ出ろと言うけれど、苦労するのは防衛省なんだ」というフラストレーションを感じがちなのです。イラクにおける二人の外交官の殉職とその後の外務省幹部のつぶやきは、「出したがる外務省、危険に直面して苦労する防衛省」という構図に慣れきっていた私に「みんな気がつかないけれど外交官も危険を冒して苦労しているんだ」という重い本音と現実を突きつけるものでした。

その後、綿密な現地調査の結果を踏まえて、陸上自衛隊はイラク南部ムサンナ県のサマーワで人道復興支援活動を、航空自衛隊はクウェートとイラク各地の間の航空輸送をそれぞれ行うこととなり、翌2004年1月から現地での活動を開始しました。その頃には多国籍軍や暫定統治機構に対するテロ攻撃が頻発し、イラクの治安状況は極めて不安定になっており、隊員を送り出す家族の間では不安が募りました。派遣元の部隊は家族に配慮して、隊員がイラクへ出発する際に家族も参加して壮行式典や見送り行事を行うこととしました。行事の日程は家族に事前に周知され、マスコミも自然にそれを知ることとなり、新聞などで出発日が報じられることとなりました。

ところが、この出発日を巡る報道が官邸幹部の逆鱗に触れたのです。防衛庁の担当者や私は「防衛庁はこんな秘密も守れないのか、出発日がわかったら襲撃されるかも知れないじゃないか！」と叱り飛ばされ、報じられるたびにその出発日を変更させられました。しかし、日頃から世界規模で戦略輸送を行っている米軍ならいざ知らず、自衛隊の部隊が家族にも全く日程を教えずにイラクまで移動することなどできるはずもありません。報道と出発日変更のイタチごっこは、そのうち沙汰やみとなりました。

また、最初にイラクへ派遣される予定だった航空自衛隊小牧基地の輸送機部隊の壮行式典には総理に出席して頂く方向で調整が進んでいました。ところが、この件にも官邸幹部から異議が唱えられました。曰く「君らは総理が自衛隊の部隊を前に訓示している画像がニュースで流れたら国民にどう思われるかわからんのか？」ということだったのですが、送り出される隊員の士気高揚のためには総理ご自身に参加して頂くのが良いに決まっています。それに、総理が自衛隊を前に訓示するのは毎年の観閲式の例を引くまでもなく珍しいことではないのですが、その幹部にそのまま伝えても火に油を注ぐだけなのは目に見えています。

私がかつてお仕えした古川貞二郎内閣官房副長官（事務担当）は、かねがね「官邸内には五つの山がある」とおっしゃっていました。五つというのは総理、官房長官、衆・参の政務の官房副長官、それに事務の官房副長官です。事務の副長官以外は全て政治家ということもあり、必ずしも総理を頂点とする一つの山とはなりません。それぞれの山が違う意向を持っている場合には、官邸としての合意形成に大いに苦労することとなります。壮行式典出席問題はまさにそれでした。

ところが、われわれが困り果てていたところ、話を聞きつけた飯島勲首席秘書官が「よし、わかった」とおっしゃるのです。するとその日の夕方、定例のぶら下がり会見で「総理は空自部隊の壮行式典に出席するのか」という質問が出て、小泉総理はあっさり「おう、行くよ」と答えられました。国民を代表して危険な活動に従事しようとしている隊員に直接訓示するのは最高指揮官として当然だというのが総理のお考えだったのです。そうした事情を心得た飯島秘書官が、ぶら下がり会見で総理ご自身の言葉を引き出して出席が既定事実となるように仕向けてくれたのでした。この案件は総理の一言で決着し、総理は小牧で行われた壮行式典に出席して部隊に訓示されました。

安危室で「16大綱」策定に没頭

2004年8月に私は総理官邸から内閣官房安危室の総括参事官に配置換えとなりました。当時はまだ国家安全保障局が設置されておらず（設置は2014年）、安危室が長期的な安全保障政策の策定と日々の危機管理業務の両者を担っていました。

この頃には、「テロとの闘い」や自衛隊のインド洋・イラク派遣、北朝鮮不審船事案などの内外情勢の変化を受けて、政府は07大綱を見直して新たな防衛計画の大綱を策定することとしており、同年4月には、07大綱策定当時と同じように総理の諮問機関として「安全保障と防衛力に関する懇談会」が設置されて議論が開始されていました。

防衛大綱は1976年以降、国際情勢の変化をふまえて5度改定されています。最近では10年ほど先まで見すえた防衛政策の指針とされ、時の内閣が改定方針を打ち出し、有識者会議からの提言などを経て閣議決定されます。防衛大綱の改定時には、5年間の防衛費総額と調達予定の装備品を記す「中期防衛力整備計画（中期防）」も見直されます。

当初、私は官邸連絡室の参事官としてバックシートで懇談会の議論を傍聴していたのですが、8月に安危室の総括参事官に異動すると同時に、懇談会事務局の司令塔として各種ロジ作業や報告書の取りまとめの補助作業などに携わることとなりました。この人事については、最終報告がまとまった後で懇談会の座長から「事務局の責任者が途中で代わるなどという人事は民間ならあり得ない。役所って何を考えているのかと思った」と呆れられましたが、私自身はそういうことを考える余裕もなく委員の間を走り回っていました。この年には米大リーグでイチロー選手が年間最多安打記録を84年ぶりに更新するという歴史的偉業を達成しましたが、その頃は毎週土日も休む暇がなかったので、記録達成の瞬間も仕事に追われながら役所で見た記憶があります。

こうしてまとまった最終報告は、非国家主体によるテロ攻撃から古典的な戦争に至るまで複雑多様な脅威に対応するために「統合的安全保障戦略」が必要であるとし、二つの安全保障上の目標を掲げるとともに、これを達成するための三つのアプローチを提示しました。二つの目標とは「日本防衛」と「国際的安全保障環境の改善」であり、三つのアプローチとは「日本自身の努力」、「同盟国との協力」、そして「国際社会との協力」です。

特に、「日本自身の努力」として、自衛隊のみでなく日本全体で総力を挙げて国を守るべきであり、情報機能の強化や安全保障会議の機能強化などにより縦割りを排し、統合的な危機管理体制を確立することが必要としました。

また、少子化という人口学的制約と厳しい政府財政の制約を考慮して、防衛全般にわたる効率化・合理化、重点的な資源配分に努め、現存組織の運用やスクラップアンドビルド、米国との役割分担等を通じて様々な機能を有効に果たすことを求めました。

この報告書をもとに政府は、2004年（平成16年）12月、07大綱に代わる新たな「16大綱」を策定し、基盤的防衛力に代わって「多機能で弾力的な実効性のある防衛力」を目指すこととしました。

16大綱は、自衛隊の活動の拡大とますます厳しさを増す財政事情という相反する要請を「多機能性」によって両立させようとしたものでした。しかし、現実には隊員や部隊に際限なくたくさんの任務を課すことはできず、予算の制約により部隊の負担が拡大していきました。防衛力整備につきものの議論ではありますが、実効性のある防衛政策を行うには相応の資源配分が必要不可欠だと思います。

叩き起こされた深夜の電話

安危室着任以来、有識者会議の報告書の取りまとめや「16大綱」の閣議決定を目指して奔走していたのですが、そんな作業の真っ最中だった11月10日未明、私は防衛庁からの1本の電話で叩き起こされました。「国籍不明潜水艦が潜没したまま航行を続け、もうすぐ先島《さきしま》周辺のわが国領海に侵入する恐れがある」という、文字通り寝耳に水の衝撃的な内容でした。中国原潜による先島諸島領海内潜没航行事案の発生でした。私にとってこの件は迅速に対応できなかった痛恨の失敗事例であり、思い出すと未だに胸が苦しくなります。

潜水艦が他国領海内を航行する際には浮上して国旗を掲げながら航行しなければならない旨、国連海洋法条約に明記されています。潜没したまま他国領海内を航行することは明確な条約違反であり、領域国側は潜水艦に対し速やかに浮上し国旗を掲揚するよう呼びかけることとなります。

わが国では、潜水艦への対処能力を有する唯一の組織である自衛隊が対応任務を担っています。自衛隊がこの任務を行う際には、防衛庁長官が内閣総理大臣の承認を得て「海上における警備行動」（海警行動）を発令する必要があります。総理の承認を得るためには本来なら閣議決定が必要ですが、速やかに潜水艦に対処しなければならないため、閣議の手続きを簡素化する旨の申し合わせが既になされていました。

心の準備もなくいきなり「もうすぐ潜没したまま入域するかも」との電話を受けた私は激しく動揺しました。通話するうちにすぐに潜没潜水艦に対応するための一連の手続きを思い出したのですが、その時点で既に政府内調整の時間はほとんどなかったので正直言って気が遠くなりかけました。

しかし、海警行動を発令するしか選択肢はないので、ためらいながらも安危室の上司や総理官邸、防衛庁などと連絡を取り、ともかく発令に向けて調整を開始しました。こんな事案の発生を想定した訓練など行った経験もなく、潜没航行中の潜水艦と意思疎通できるのか、浮上を促すのにどのような手段があるのかなどの基礎知識も全くありませんでした。

領海通過後に中国原潜と確認

それらの疑問を防衛庁に確認しつつ関係者に連絡するのですが、「こちらは武器を使用することがあり得るのか」「誤解されたり反撃されたりする危険はないのか」などと次々に疑問を突きつけられて、それをまた防衛庁に問い合わせるという繰り返しで、時間ばかりがいたずらに過ぎていきました。自宅の布団で電話を受けて飛び起きてからとるものもとりあえず関係先への電話連絡を始めたのですが、状況確認の電話も頻繁に入り、ハブとなっていた私は着替えをする暇もほとんどありませんでした。

こうして政府内の連絡調整は混乱を極め、総理ご自身に対応案が報告されるまでにはずいぶん時間がかかってしまいました。報告を受けた小泉総理は即断され、すぐに海警行動が発令されたのですが、その時には潜水艦は既にわが国領海を通過してしまった後でした。それでも命令を受けた自衛隊は直ちに対応し、相手が中国の原潜であることを確認しました。後日、その成果をもとに中国に対して外交ルートで抗議を行い、中国は最終的に遺憾の意を表明するに至りました。

反省からマニュアルを整備

外交的には一定の成果はあったと言えるかも知れませんが、自衛隊の行動について言えば、潜水艦の領海侵入時に速やかに海警行動を発令すべきところを領海通過後に発令するという大失態を演じてしまったわけです。この失敗には、組織的な問題と私自身の対応の問題という二つの原因がありました。

組織的な面では、潜没潜水艦への具体的な対応要領が関係者の間で共有されていなかったことに尽きます。既に触れた通り、潜水艦への対処措置等に関する基本的な確認・共有が全くなされておらず、訓練も行われていませんでした。さらに、この事案ではとりあえず内閣官房の私が中心となって調整が始まったのですが、本当のところ内閣官房と防衛庁のどちらが発令のための調整主体になるのかという点すら明確ではありませんでした。

加えて、潜水艦の最大の特徴は隠密行動であるため、彼我双方の潜水艦の行動情報は最高度の秘密とされており、安危室の私に対しても入域直前まで伝えられませんでした。その頃はまだ特定秘密保護法も制定されておらず、機微な情報への適切なアクセスコントロールも行われていなかったのです。

この一件の後、内閣官房が中心となって情報伝達要領や海警行動発令のための調整要領などを定めたマニュアルを整備し、訓練も実施するようになったので、このような失敗は二度と起こらないと自信を持って断言します。

一人で抱え込む悪癖

一方、私自身の対応にも大きな問題がありました。最大の反省点は、連絡調整業務を一人で抱え込んでしまったことです。安危室と防衛庁の間の調整要領が不明確な中、自分が調整しようとしたこと自体は間違っていなかったと思います。しかし、この時に私が連絡をとらねばならない相手は安危室内の複数の上司、総理官邸の各秘書官、さらに防衛庁など5カ所以上ありました。冷静に考えれば、一人で短時間のうちにこれらの相手と同時並行的に連絡をとりながら方針を固めていくのは不可能でした。

一報を受けた時点で関連する安危室のスタッフを危機管理センターに集め、連絡先や仕事の分担を決めて態勢を整えた上で組織的に対処するべきでした。初めての事態に動転し、気ばかり焦って必要な手順に従った対処ができず、結果的に国としての対応を遅らせてしまったのです。

さらに反省しなければならないのは、この事案が発生するまで「16大綱」の策定作業に気をとられ過ぎていて、危機管理の行動手順を身につけていなかった点です。安危室の総括参事官は防衛大綱策定のような戦略的な業務とともに、内閣の危機管理業務の元締めとしての責任も有していました。しかし、当時の私は防衛大綱のみに過度に集中していた結果、危機管理業務をおろそかにしていました。そのため、着任から既に3カ月が過ぎていたにもかかわらず、事態に臨んで危機管理センターを拠点として使うことにすら思いが至らなかったのです。

あらかじめ勉強し、訓練しておけば自分の頭の中に対応のイメージが出来るので、実際の事態に直面した時に体は自然に反応します。しかし、全くの不意打ちに遭った時には、自らの反射神経だけで対応するしかありません。正直に言えば、もう少し早く情報を伝達してもらっていれば発令の遅れは避けられたのではないかという思いもありますが、与えられた条件の中で仕事をするしかないので、今さらそれを言っても仕方がありません。

危機のイメージトレーニングに励む

残念ながら自分は反射神経だけで勝負できるほど鋭いタイプではなかったということです。だとすれば過去例を勉強したり、他国における同様のケースから類推したりしながら、地道に自分の中の引き出しを増やしていくしかありません。本件の大失敗の後、苦い思いをかみしめながら、様々な危機の事例を勉強するとともに、積極的に訓練に参加してイメージトレーニングに励むこととなりました。

しかし、予想していなかった事態に直面した時に反射的に自分一人で処理しようとし、組織としての対応を忘れがちな私の悪癖は完全には直らず、これが役人人生最後の大きな失敗へと再びつながってしまったのでした。

イラク派遣の出口戦略

2006年は、私にとって官邸連絡室、安危室と5年間続いた内閣官房勤務の最後の年でしたが、様々な出来事があって忘れられない1年になりました。その一つは、イラク派遣の出口戦略です。

自衛隊のイラク派遣は既に2年に及び、その間は陸自の宿営地に迫撃砲弾が撃ち込まれるなどずっと緊迫した状況が続きました。官邸幹部も現地の状況には神経質になっており、派遣期間中は毎日欠かさず二橋《ふたはし》正弘内閣官房副長官（事務担当）の下に内閣官房・防衛・外務各省の関係者が集まって情勢ブリーフィングが実施されていました。

宿営地に迫撃砲弾が撃ち込まれた際には、統合幕僚会議事務局（現統合幕僚監部）の幹部自衛官がブリーフィングの席に模擬の手りゅう弾や迫撃砲弾を持ち込んで説明しました。

もちろん火薬は入っていませんがかなりの重さで、総理官邸の金属探知機を通すのは容易ではなかったと思います。おかげで説明にはリアリティーがありましたが、総理官邸に手りゅう弾や迫撃砲弾が持ち込まれたのは、後にも先にもこの時だけだと思います。

サマーワにおける復興支援活動はテロの危険と隣り合わせの活動でしたが、陸自派遣部隊は規律正しい行動と地元住民との良好な関係の構築等を通じて一人の殉職者も出さずに任務を完遂しました。陸自によるインフラ復旧や医療、給水などの活動は、ODAや草の根無償支援などの経済援助と連携することで更に効果を高めることができました。こうして派遣期間が2年になろうとする頃には、活動実績も積み上がって、インフラ復旧などもかなり進んでいました。更に、サダム・フセイン政権が倒れた後、多国籍軍を中心とする暫定統治機構がイラクの統治に当たっていたのですが、ようやく選挙や政権移譲が日程に上ってきました。こうした様子を見ながら、いわゆる出口戦略を検討する必要性が出てきたのです。現地情勢や活動実績のほか、多国籍軍側の兵力配置なども勘案せねばならず、撤収の理由とタイミングを判断するのはかなり微妙で難しい課題でした。多国籍軍側とすれば、ムサンナ県のように治安権限の移譲が進んでいた地域ばかりではなかったため、1カ国でも多くコミットし続けてほしいというのが率直な考えでした。他方、この種の活動は部隊派遣国の事情を無視するわけにはいかないので、様々な調整がなされました。調整過程ではイラクの別の地域への再展開も検討されました。

その頃、再展開の候補地の一つとして当時英国軍が駐留していた南部のバスラという都市が挙がり、2006年3月下旬に内閣官房・防衛庁・外務省の合同チームで現地調査をすることとなりました。クウェート経由の0泊4日の強行日程で、内閣官房からは総括参事官だった私が参加しました。イラクへ行くと言うと心配されると思い、家族には「クウェートの空自部隊の視察」と称して出かけたのですが、妻には見破られていて、帰国した後に「イラクに行っていたんでしょ?」と言われました。私は気が弱いので、嘘をつくのが下手だったのだと思います。

この出張では、バスラの空港から市内の王宮に設置されていた多国籍軍本部まで英軍のヘリで移動しました。ヘリは、市内を流れる川沿いを猛スピードで低空飛行しました。しかも、飛行中に英軍兵士がヘリのサイドドアを開け放して機関銃を構えているのです。地上から携帯ミサイルで狙われるのを防ぐためだというのはすぐにわかりました。われわれももちろんヘルメットに防弾チョッキを着用していましたが、現地の緊迫した治安状況を肌で感じ、視察を終えてクウェートへ戻った時には正直ホッとしました。

クウェートからの帰路、乗り換え地のフランクフルトの空港ホテルで休憩した際、何気なくつけたBBCのテレビ番組がバスラでテロの犠牲となった英軍兵士のドキュメントを流していて、現実に引き戻されました。さらに数週間後、われわれが乗せてもらったのと同じルートを飛んでいた英軍ヘリが撃墜されたという報道に接することになりました。現地の治安状況などを総合的に勘案し、最終的に陸自部隊のバスラ再展開はなくなりました。こうした経験を通じ、海外派遣では早い段階から出口戦略を練っておくことが重要だと痛感させられました。

この年6月、イラク撤収が正式に決定され、陸自部隊は6月下旬から7月上旬にかけてサマーワの宿営地を後にしましたが、空自輸送機部隊は陸自部隊が撤収した後もクウェートの拠点とイラク各地の間で国連や多国籍軍に対する空輸支援を継続しました。

空自部隊は2年半後の2008年12月に任務を終了し、同年12月24日に空自小牧基地で帰国行事が開かれました。小泉元総理は「自分が送り出したのだから、最後は自分で出迎えたい」とおっしゃって出席され、官邸でおそばにお仕えしていたご縁で私がアテンドすることとなりました。

職を辞されて既に2年余りの月日が経っており、久しぶりにお会いした元総理は現職当時とは打って変わって穏やかな表情をされていました。控室で行事が始まるのを待つ間に、愚問と知りつつ「総理をお辞めになっていかがですか」とお聞きしたところ、「そりゃあ肩の荷が下りて気が楽になったよ」と静かに微笑んでおられたのがとても印象的でした。

取り残された防衛庁の巻き返し

２００６年8月、私は5年ぶりに内閣官房から防衛庁へ戻り、長官官房文書課長を拝命しました。この時期の最大のテーマは、防衛庁から防衛省への移行でした。省移行のきっかけは、２００１年1月に実施された中央省庁再編でした。この改革では縦割り行政の弊害を排するため省庁を大くくりにした結果、経済企画庁や科学技術庁、国土庁、環境庁などの各庁は内閣府や各省に統合・衣替えされ1府12省庁体制となり、国務大臣をトップにいただく「庁」は防衛庁だけとなりました。この案は、１９９6年から１９９7年までにかけて当時の橋本龍太郎総理の下「行政改革会議」で議論されたものでした。

議論の過程では「防衛庁を省にしてはどうか」という意見も一部にありましたが、防衛庁自ら省昇格を目指して打って出る機運は乏しく、政府内でも与党内でも応援する声は盛り上がりを欠き、結局最終報告では「現行の防衛庁を継続する」とされ、「別途、新たな国際情勢の下におけるわが国の防衛基本問題については、政治の場で議論すべき課題である」として継続検討となりました。将来に含みは残ったものの、防衛庁だけが大臣庁として取り残されたわけです。行政改革会議の結論が出た後、議論に携わっていた与党議員からは「防衛庁からの働きかけがなかった」と指摘されました。

しかしその後、2001年になると、当時の守屋武昌官房長を中心に精力的な巻き返しが始まりました。働きかけが奏功し、保守党が防衛庁の省昇格法案を議員立法として国会提出したことが大きな転機となりました。翌2002年には自民・公明・保守の与党3党の間で「国家安全保障体制の一層の強化のため、防衛庁の『省』昇格を最優先課題として取り組む」との合意がなされました。

省昇格の背景と意義

防衛庁は旧総理府の外局として設置されましたが、省昇格については過去にも議論されたことがありました。防衛庁創設からちょうど10年後の1964年には、省移行法案が閣議決定までされながら国会に提出されないままに終わるという出来事もありました。

「省」と「庁」との違いについて一例を挙げると、各省の大臣は自分の省の案件について内閣総理大臣に対して閣議を求めることができますが、防衛庁長官にはその権限がない（内閣法第4条）ので、閣議が必要な場合には親元に当たる内閣府（以前の組織なら総理府）の長である内閣総理大臣に依頼しなければなりません。依頼を受けた内閣府の長たる総理は、内閣の首長たる総理に対して閣議を求めることとなります。

他方、こうした内閣府の関与は形式的なものにとどまり、防衛庁の原案が内閣府によって変更されることはありません。また、総理府の外局として大臣庁がたくさん存在した時代にはそれらの庁においても同様の手続きがとられていたので、特に防衛庁だけが違和感を持つことはありませんでした。業務は煩雑ではあったものの実害はなかったため、ボトムアップ的に省移行を求める動きは起きにくく、1997年の行政改革会議の議論に乗り遅れたのもこの辺に理由があったように思われます。

しかし、省庁再編により国務大臣を長とする外局組織が防衛庁だけになると様相が変わりました。郵政民営化が決まり国家公務員全体の人員数の4割を防衛庁・自衛隊が占めることが明らかになると、そんな大組織が「庁」に過ぎないといういびつな組織建てがますます際立つこととなりました。さらに、諸外国においても、国防を担う組織を他の国家機関よりも格下に位置づけているような例はありませんでした。

価値観・イデオロギーを巡る争い

2006年の法案審議の過程では、国際情勢等が変化して自衛隊の活動が増えたことにより政策官庁としての重要性が増したこと、内閣府を通すという事務を簡素化すべきこと、諸外国と同様の組織建てとすべきこと等が省移行の必要性として説明されました。これに対して、反対する側からは、新たな機能の追加がないので組織を変える必要性が乏しいこと、庁であっても自衛隊の運用に支障が生じるものではないこと、アジア諸国の反発を招き外交上得策でないことなどの反論がなされました。文書課長として法案を担当していた私の目には、こうした議論は立法事実を争っているのではなく価値観・イデオロギーを争っているものと映りました。国防組織を「その意義に相応しい位置づけにすべきだ」という考え方と「格下に置いておくのが平和主義だ」という考え方の対立という構図です。

文書課長として秋の臨時国会で省移行法案の説明に明け暮れていた頃、コアな反対野党への説明はもっぱら私が担当していました。ある日、反対議員グループの会合へ赴いて説明していたところ、「有事法制は整備する、防衛庁は省にする、そんなことでいいのか」と難詰されました。相手は、まさに有事法制の整備や防衛庁の省移行は平和への脅威だと考えていたわけですが、私はそれこそがわが国の平和に資すると考えていたので「はい」と即答しました。すると、相手は鼻白んで黙ってしまいました。

また、別の党では、メインテーブルの議員と質疑応答をしている最中にいきなりバックシートから罵声を浴びせられました。議員とのやり取りが普通の会話だっただけに、バックシーターの乱暴な口ぶりと態度には強い違和感を覚えました。

しかし同時に、与党や防衛庁の一部に「庁のままでも当面何か決定的な不都合があるわけでもないし、他に優先すべき政策課題はたくさんあるのではないか」というお手並み拝見的な冷めた雰囲気があるのも感じていました。

こういうイデオロギー的な課題には、国民意識を踏まえた政治判断を下してもらう必要があります。そのために役人がすべきことは、大義を信じ、情熱をもって政治家に訴えることです。通常のボトムアップ型の法案のように、立法事実と法案内容を淡々と説明するだけでは意が伝わらないのです。官房長当時から努力してこれを実行したのが「防衛庁の天皇」と言われた当時の守屋事務次官でした。当初の保守党に対する働きかけも、省移行法案に対する公明党の同意の取り付けも、彼の強い指導の下で関係者が必死に取り組んだからこそ結果を出すことができたのだと思います。

省昇格キャンペーン

私が文書課長に着任した時、省移行法案は春の通常国会に提出され継続審議になっていたため、着任と同時に法案通過を目指して全庁挙げて大々的なキャンペーンを始めました。

佐世保や旭川など自衛隊の基地や駐屯地の所在する自治体で地方説明会を実施し、自衛隊支援者に法案をアピールし協力をお願いしました。説明会では私自身が法案の意義や必要性を説明するとともに、国際平和協力活動に参加した幹部自衛官にも参加してもらって現場での活動の様子を紹介して頂き、自衛隊が国の代表として海外でも頑張っていることをアピールしました。

また、当時最大野党だった民主党は省移行法案に対する賛否をなかなか決めなかったので、われわれは何とか賛成してもらおうと様々なアプローチを繰り返しました。中でも効果があったのは、駐屯地や基地の記念行事の際の説明です。行事には与野党を問わず多くの地元国会議員が参加するのですが、その際に基地司令や駐屯地司令から省昇格の必要性をアピールしてもらったのです。国会議員への説明は東京で内局の職員が行うのが通例で、地方の部隊指揮官などが行うことは普通ありません。しかし、省移行は自分たちの組織の位置づけの問題なので、活動ぶりに相応しい位置づけにしてほしい、国防の責務を担い全国家公務員の4割を占める大勢力の自衛隊を抱える防衛庁が格下の「庁」というのはバランスに欠けるといったことを説明してもらい、態度を決めていない野党の先生方には「ぜひ賛成してほしい」と訴えてもらいました。

併せて、国会議員の地元事務所にも各自衛隊地方連絡部（当時）関係者が説明に赴いて理解を求めました。こうしたキャンペーンに苦情を言ってきた議員もいましたが、どんなに嫌がられても理解を得て賛成に回ってもらうべくひたすら根気よく説明を続けました。

当時の自民党の二階俊博国会対策委員長は、保守党時代から省昇格の強力なサポーターで、防衛庁の昇格キャンペーンの手が少しでも緩むと「防衛庁の姿が見えない」とプレッシャーをかけられました。こうした後押しも受けて、現役からの説明だけでなく隊友会、父兄会、郷友連盟といったOB団体からも国対や各議員へ法案審議を促進してくれるように陳情してもらいました。

私が記憶している限り、文官・自衛官・OB団体を含め全庁挙げて施策推進キャンペーンを行ったのは後にも先にもこの時だけでした。通常、防衛省の政策は政治的・イデオロギー的批判にさらされることが多いため、自衛官が積極的に発言することは稀です。しかし、本件は組織のステータスに直結する課題であり、文官も自衛官も等しく関与するのがむしろ自然でした。さらに、こうしたキャンペーンを繰り返すことで、一部にあったノリの悪い雰囲気が徐々に克服されていくという効果もありました。

法案通過

キャンペーンの甲斐もあって、省移行法案は賛成210、反対15という圧倒的多数により2006年12月15日に参議院本会議で可決され成立しました。この日は他にも与野党対決法案の採決などもあったことから、本会議の開始は午後4時半頃となりました。このため、省移行法案の採決が終わり、大臣が役所へ戻ってこられたのは午後6時を回っていたと思います。

この前日に守屋次官から私に、採決後に帰庁される久間《きゅうま》章生《ふみお》大臣を職員総出でお迎えせよとの指示がありました。長年の懸案を実現して頂いたことへの感謝の意を表そうということで、前夜から内局のみならず各幕にも調整をかけ、文官、自衛官問わず見たこともないほど大勢の職員が本庁庁舎の玄関ロビーに整列しました。サプライズの演出だったため、大臣は玄関ロビーに入ってこられて盛大な拍手で迎えられた際に一瞬驚かれた様子でしたが、すぐに満面の笑みを浮かべられ両手を振って拍手に応えられました。防衛庁長官に就かれたのは2度目で、国会審議の際には常に冷静沈着に答弁されていた久間大臣が、この時ばかりは「とにかく嬉しくて嬉しくて」と喜んでおられたのが印象的でした。

法案成立直後にある後輩が「本当に省になっちゃうんですねえ」としみじみと言ったのを覚えています。彼の言葉には、省移行が本当に実現するのか少なからぬ職員が半信半疑だったこと、難しいと思われていた省移行が成就した驚き、関係者の粘り強い努力への敬意など様々な想いが入り混じっているのが感じられました。

出禁になった省移行式典

国会審議のみならず、省移行に伴う行事も大変でした。法案成立から1カ月足らずの間に行事のための膨大な準備を大車輪で行いました。２００７年1月9日に防衛省において行われた省移行式典には100名を超える与野党国会議員が来賓として詰めかけました。当日は文書課長の私が司会進行役を務め、式典自体は何とか無事に終えることができました。

ところが、一斉に式典会場の講堂を後にして帰路についた国会議員が庁舎の正面玄関に集中し、大混乱となってしまいました。混乱を避けるため、あらかじめ来賓の方々をグループ分けして順次退出して頂くようにアナウンスしていたのですがうまく伝わらず、玄関で大渋滞が生じてしまったのです。

それでも大半の先生方は静かに順番を待って退庁して下さったのですが、最後の最後まで残された先生は激怒し、再三の謝罪にも怒りは収まらず、最後は事務所出入り禁止となりました。

行事は計画通りに進むのが当然だと思われており、問題なく終了しても誰も褒めてはくれません。他方、何か不手際があると、迷惑をかけた相手方からばかりでなく省内幹部からも叱責されることになります。相手方とのトラブルが長引いてしまっても、もちろん誰も助けてはくれません。行事の運営はなかなか「割に合わない」仕事なのです。

第3章　難問に体を張り続けた審議官、次長時代

日米協議のため米国へ出発する防衛政策局次長時代の著者＝2012年２月６日（写真：朝日新聞社）

公務災害（？）のギックリ腰

文書課長の後、２００７年から2年間、国会担当審議官を務めました。時あたかも自民党から民主党への政権交代が現実感をもって語られ始めた頃でした。国会ではいわゆる衆参ねじれ現象が発生し、与野党対立の先鋭化により予算も法案もなかなか成立せず、各省庁はみんな国会対応に大変苦労していました。

防衛省は２００７年1月に省に昇格したばかりでしたが、折悪しくこの年の秋以降に不祥事が相次ぎました。まず、インド洋における給油支援活動で米艦艇に対する給油量を取り違えて報告し、海幕幹部が誤りに気づいたにもかかわらず訂正しなかったため、記者会見や国会答弁で誤った説明がなされてしまったといういわゆる「給油量取り違え事案」が問題となりました。

同じ頃、同年夏に退任したばかりの前防衛事務次官が、在任中に取引先商社からゴルフなどの接待を受けていたとして逮捕されるという汚職事件が発生しました。さらに、年が明けて２００８年2月には、野島崎沖で海上自衛隊のイージス艦「あたご」が漁船と衝突し、漁船の船長親子が行方不明となる事故が発生しました。

これらの事案は、いずれも衆参両議院の予算委員会や所管委員会で取り上げられ、厳しく追及されました。国会担当審議官の私は、与野党の国会対策委員会の先生方や関係する委員会の理事の先生方の間を走り回って頭を下げ続けました。

防衛省への格上げ法案は民主党も含め与野党多数の賛成で成立したのですが、あまりに防衛省の不祥事が続くため野党議員からは「省移行に賛成したのは間違いだった。こんな有様ならばもう一度『庁』に格下げすべきだ」などと批判されました。

一連の不祥事に対する追及がようやく収まってきた5月には、自衛隊体育学校所属の若い自衛官が国会敷地内に侵入し、議事堂前で切腹を試みるという事件が発生しました。命に別状はなかったためマスコミからはあまり注目されなかったのですが、彼がたまたま警備の手薄だった参議院側から侵入したため問題が大きくなりました。

私自身もこの事件を機に初めて知りましたが、国会施設の管理責任は衆参それぞれの議院運営委員会が負っていたのです。ねじれ国会の下、参議院の議院運営委員長は多数派野党の民主党の先生で、「国会に軍人が乱入したのは二・二六事件以来だ」と激怒しました。

収拾策を模索するため与野党の理事の間を毎日走り回り、ひたすら頭を下げて回りました。担当局長が委員会に出席して謝罪し、やっとのことで事態が収束した直後のある日、官舎の浴室で風呂の蓋をとろうとしてかがんだ瞬間に腰に鋭い痛みが走り、動けなくなりました。典型的なギックリ腰でした。

整形外科にかかったものの痛みがひかず、厚労省のある先輩に教えて頂いたカイロプラクティック医院で診察してもらったところ、「太腿の後ろの筋肉、ハムストリングが張っています」という思いがけない診断結果を告げられました。

さらに「黒江さん、最近お辞儀みたいな動きをしましたか?」と問われたので、「ここ1年近くずっとお辞儀をし続けてきました」と状況を説明したところ、「ギックリ腰の原因はそれです! お辞儀の動きは太腿に負担がかかるのです。太腿の裏が張って負担に耐えられなくなると、次は腰に来て、最後はギックリ腰になるのです。労災の認定を受けられると思いますよ」と真顔で言われました。

さすがに公務災害は申請しませんでしたが、今思うと申請していたらどうなっていたのか興味があります。ともあれ、この医院に2、3週間通った結果、幸い腰痛は治りました。

余談ですが、最後の受診で鍼治療を受けてその劇的な効果に驚かされました。鍼を打たれて15分ほどベッドにうつ伏せになっていただけで、最後まで腰に残っていた鈍痛が嘘のように消えてしまったのです。東洋医学の効果を実感し、心から感謝しました。

役所を代表して頭を下げる

ある時、先輩から「君ぃ、頭はこうやって使うんだよ」と身振り手振り付きで指導されたことがありました。要するに、頭を下げることを躊躇するな、という趣旨でした。

よく「自分は他人に頭を下げるのは苦手だ」とか「頭を下げるのは嫌いだ」という人がいます。自分に自信がある、プライドがある、卑屈に見られるのは嫌だ、他人のやったことで謝るのは筋違いだなど様々な理由があると思います。

しかし、不始末や不祥事、あるいは事故が発生したりすれば、その件の担当者や責任者だけでなく、官房長や国会担当審議官も政党の部会や国会の理事会などの場で謝罪する場面が出てきます。役所を代表して国会対応を行っているからです。

「役所を代表している」ということを実感するきっかけとなったのは、まだ課長だった頃に出席した与党の病院船に関する会議でした。

席上、ある出席議員が「自衛隊が病院船を装備して運用すべきだと思う」と発言しました。その日の会議は病院船の調達や管理の在り方ではなく災害時の活用の仕方がテーマだったので、調達の担当の課長は出席していませんでした。また、提起された論点についてはその会議でも既に議論されたことがあり、自衛隊が病院機能専門の艦艇を持つのは非効率なので護衛艦や輸送艦などに医療機能を併せ持たせるという方向で既に決着済みでした。

自分の担当でもないし、特にその点を詰めることもなく議事が進んでいったので、私は応答しませんでした。すると、会議の事務方の党職員が即座に飛んできて、「防衛庁、ちゃんと経緯を説明しなきゃ出席者が誤解するだろ」と思い切り私をどやしつけるのです。この時は大事には至りませんでしたが、叱られて初めて「防衛庁関係者が私一人しかいないのだから、自衛隊関連の質問には全て私が答えるものと期待されているのだ」というごく当然のことに気づかされました。

もちろん、間違ったことを答えてはいけませんが、自信がなければ「正確な資料を持ち合わせていないので違っていたら後刻改めて訂正します」と留保をつければよいだけのことです。それ以来、部外の会議に出席する時には、自分の所掌外の質問であったとしてもできる限り答えようと努力するようになりました。

特に、文書課長や国会担当審議官は国会想定問答を全て入手できるので、日頃からそれらに目を通して、何を聞かれても一通りの答えができるように準備していました。こんなことを繰り返しているうちに、所掌とか責任とかがあまり気にならなくなり、事故や不祥事について部外に対して謝罪することも自然にできるようになっていきました。

後輩から「黒江さんて本当に申し訳なさそうに頭を下げますよね」と言われたこともありました。もしかすると、すぐに頭を下げる卑屈な奴だと思われていたのかも知れませんが、その頃には「防衛省を代表して謝る」のはごく自然なことと思えるようになっていたので、「本望だ」としか感じませんでした。

頭を下げなければならないのは、防衛省の官房に限ったことではありません。今もあるかも知れませんが、当時は各省庁の総務課長・文書課長が集まる会合や各省庁の官房長の懇親会が定期的に開かれていました。そんな時には決まって「官房は頭を下げてなんぼ」という話題と愚痴で盛り上がりました。

割に合わない官房業務

私は、自らのキャリアの半分に近い16年ほどを官房で勤務しました。特に、文書法令業務、国会対応業務、情報公開業務、陳情対応業務、行事関係業務などが集中している官房文書課には、係員、先任部員及び課長として勤務する機会がありました。

前の章で省移行行事の際の失敗談を紹介しましたが、防衛省は秋の自衛隊記念日を中心として様々な行事を開催しています。特に、陸海空の各自衛隊が毎年回り持ちで主催する観閲式、観艦式、航空観閲式はよく知られています。

官房文書課は、これらの行事において総理や防衛大臣、来賓の国会議員や民間招待者などのＶＩＰへの対応を担当します。当日までの間に開催部隊などとの間で綿密な調整を行い、細心の注意を払って準備をし、予行を経て本番に臨むのですが、それでも予期せぬトラブルが発生する場合があります。

国会担当審議官を終えて数年後に官房長を務める機会もありましたが、その年の観閲式では、朝霞駅で民間のＶＩＰ招待客に誤った交通手段を伝えてしまったためスムーズに入場できず、怒って式典に参加せずに帰ってしまったということがありました。役所側が招待したのに入場もできなかったというのでは申し開きの余地もなく、翌日すぐに文書課長とともに本人のもとへ飛んでいって平身低頭謝罪に努めました。

また、各地の自衛隊の駐屯地や基地ではそれぞれの開設記念日などに祝賀の式典や行事が開かれます。地元の人たちにたくさん参加してもらうために土日祝日に開催されることが多いのですが、休み明けは文書課の行事担当者にとって要注意です。休日に行われた行事の接遇などに不満を感じた国会議員らからクレームの電話がかかってくるからです。

席次が低かった、挨拶の順序が遅かった、来賓として紹介されなかった等々クレームの内容は多様です。主催者側の配慮不足が原因の場合も多く、そういう時には当然のことながらしかるべきレベルが頭を下げに行かなければなりません。

官房業務は、「うまくいって当たり前で誰からも褒められず、少しでも失敗や不具合があると各方面から厳しく叱られる」という割に合わない仕事です。ネガティブな意味ではありません。天邪鬼な性格も手伝って、私はこういう仕事が決して嫌いではありません。むしろ大好きです。組織を支える「縁の下の力持ち」的な仕事は苦労が多いけれど、やりがいも大いにあるからです。実際、仕事をこなすのには大いに苦労しましたが、それを通じてコミュニケーション技術を始めとして様々な実用的なスキルを身につけることができたのは思いがけない収穫でした。

「エレベータートーク」

国会担当の主要な立ち回り先の一つに、与党の国会対策委員会（国対）があります。与党国対は与党における国会運営の司令塔であり、予算案や法律案・条約案などの審議の順序や採決のタイミングなどを野党と折衝しながら差配しています。このため、各省庁の国会担当は、与党国対の先生方の理解を得て1日でも早く法案などの懸案事項を処理してもらおうと国対の部屋に日参します。

政策担当部局にいた時には、国会対策といえば与党政調の部会が真っ先に頭に浮かび、政務三役経験者や防衛政策に造詣の深い先生方への根回しばかり気にしていました。一方、与党国対への説明は「法案審議に必要な手続きの一つ」という程度の意識しかなく、重要性を十分理解していませんでした。防衛省全体にそういう傾向があったからかも知れませんが、事務次官を務めていた頃、当時の与党国対の先生から「防衛省はもっと国対との付き合いを大切にした方がいいよ」とやんわり苦言を呈されたことがありました。

政府が法案を提出したら国会で自動的に審議が進んでいくというわけではありません。国会は立法を行う機関ですが、同時に政治権力を巡る闘争の場でもあります。その中で法案を通していくためには、必要性やスケジュールについて与党国対に認識を共有してもらい、野党との駆け引きの中でうまく後押ししてもらう必要があるのです。与党国対が作る国会運営戦略の中に位置づけてもらえなければ、法律案や条約案は国会を通りません。

各省庁の国会担当の仕事は、予算案や法案の審議促進だけではありません。国会会期中における政務三役の出張や外交日程なども与党国対との重要な調整事項です。会期中の大臣以下政務幹部の海外出張については、野党は「最優先しなければならないはずの国会を軽視している」などと批判すべく虎視眈々と狙っています。与党国対も本会議採決などに影響を与えないよう議員の動向に神経質になっているので、よほど「不要不急ではない」「どうしても必要」という理由がない限りOKは出ません。

そんな中で、多国間の国際会議など役所として是が非でも実現しなければならない出張がある場合には、各方面の了解を取り付けるため国対や議院運営委員会の先生方の間を走り回り、出張目的や日程の説明に汗をかかなければなりません。当然のことながら、国対は防衛問題に詳しい議員ばかりで構成されているわけではありません。

特に幹部の先生方は、国政全般の状況をにらみながら国会運営の戦略を組み立てていくので、防衛省の問題だけにかかわっているわけにはいきません。仮にアポが入ったとしても、説明時間はそんなに長くはとれないのです。急を要する案件の場合にはアポがとれず、国対の部屋の前の廊下で出待ち、入り待ちをすることもしょっちゅうあります。

そんな時には、専門用語をふんだんに使った論点網羅型、思考過程紹介型の説明は役に立たないので、簡潔な資料を用いて短時間でわかりやすく説明する必要があります。エレベーターで同乗した相手に対して目的階に到着するまでの短い時間のうちにブリーフをして理解を得るエレベータートークという会話術がありますが、与党国対への説明を繰り返す中で、私はその種の簡潔な説明の重要性を痛感しました。

このため、自分が説明に赴く時には、必ず事前に「何を、どういう順序で、どのような例を引きながら話せば簡潔でわかりやすい説明になるか」を考え抜いて準備するように心がけました。説明用のペーパーは原則としてA4判で1枚とし、内容は後で紹介する必殺「3の字固め」で構成することとしていました。また、政策部門で身につけた「問題を抽象化して考える癖」が説明の引き出しを増やすことにつながり、短時間での効率的な説明に大いに役立ちました。

「Dことば」はタブー

簡潔な説明を心がけるだけでなく、説明の際に使うべきでない言葉、使った方が良い言葉、相手に良い印象を与える言葉遣いなども意識しました。

政策案を説明する相手は、必ずしもこちらの案に賛成している人たちばかりではありません。案に興味のない人、懸念している人、反対の人など様々な相手に説明して、出来るだけ多くの人たちの理解と共感を得て賛成に回ってもらわなければならないのです。そのためには、相手の疑問点や懸念をも含めて率直なやり取りをする必要があります。

その際、ちょっとしたことで不必要に不快感を抱かせたり、相手を怒らせたりしないように注意すべきことは当然です。望ましいのは、相手に肯定感や安心感、親近感を抱かせ、話しやすい雰囲気を作ることです。ポジティブで友好的な雰囲気の下では自然に会話が弾み、率直なやり取りもしやすくなります。私は「相手の気持ちや相手との会話の雰囲気を前向き、肯定的なものにするためのコミュニケーションの仕方」をポジティブ・コミュニケーションと呼んでいます。

ポジティブ・コミュニケーションは、部外者に政策を説明する場合だけでなく、上司として組織を管理する場面でも、私生活で円満な人間関係を作る上でも役に立ちます。

ポジティブ・コミュニケーションの中で、相手に不快感を抱かせないための代表的な技が「Dことばのタブー」です。

国会担当審議官は、防衛省関係の与党の部会にはほとんど全て出席します。そうした場で原局原課の説明ぶりや応答ぶりを聞いていてとても気になることがありました。質疑応答の中で役所側が「ですから」と「だからですね」という言葉を使うたびに、確実に会議の雰囲気が冷えていくのです。

そんなことが気になっていたある日の夕方、たまたまつけていたテレビのニュース番組に目が釘付けになりました。タクシーのドライバーが客に暴行される事案が多発していることから、ドライブレコーダーの記録を分析してその原因を究明しようとしたというニュース特集でした。それによると、運転手さんのある言葉が客をイラつかせ、怒りをエスカレートさせるのだそうです。それがまさに「だから」と「ですから」でした。

特に、酔客は認識力が低下しているので、道順を繰り返し確認したりしがちです。そういう客に対して運転手さんがうかつに「だから」「ですから」を使って答えると、「これだけ言ってもわからないのか」というニュアンスが伝わり、客を怒らせてしまうのだそうです。そのタクシー会社は、暴行事件を減らすためにこれらの言葉を使わないように乗務員に指導しているということでした。

偶然見た番組だったのですが、目からうろこが落ちたような気がしました。政党の部会などの場で「だから」「ですから」を多用すると、質問者に対して「さっきから説明しているじゃないですか」「まだわかりませんか」と言っているのと同じだということなのです。

この二つの言葉よりもさらに悪い印象を与えるのが「だったら」です。さすがに部会で役所側から出ることはありませんが、「だったら、どうしろと言うのですか?」という開き直りのニュアンスを伝える言葉です。このことに気づいてから、説明の際にはできるだけ「だから」「ですから」などの言葉を使わないように意識するようになりました。

政策の中身は素晴らしいのに、些細な言葉遣いで相手を怒らせたりするのは愚の骨頂ですから、「Dことばのタブー」は十分に意識しておくべき技だと思います。

相手を乗せる「さしすせそ」

これはあるテレビ局の記者さんの受け売りですが、「Dことば」とは対照的に、サ行の言葉には相手の気分を上向かせる効果があります。例えば、「さ」=「さすがですね」、「し」=「知りませんでした」、「す」=「凄いですね、素晴らしいですね」、「せ」はやや苦しいのですが「センスありますね」、そして「そ」=「そうなんですか」といったところです。これらの言葉を連発されて気分が良くならない人は稀だと思います。

さらに、「失礼しました」「承知しました」あるいは「すみません」の一言から会話を始めると、こちらの謙譲の気持ちが伝わって相手の気持ちを和らげる効果があるとの指摘もあります。ネット上では、「Dことば」の対極に位置する「Sことば」として積極的に使用すべきだという記事を見つけることができます。

「なんだ、お世辞じゃないか」「そんなのは単なるヨイショじゃないか」と思われる方もおられるでしょう。でも、私はお世辞やヨイショが恥ずかしいことだとは全く考えていません。理由は二つあります。

第1の理由は、お世辞やヨイショの本質は相手と問題意識を共有していることを伝える点にあるからです。私が言うお世辞やヨイショは、心にもないお追従を言ったり相手を過剰におだてたりするような卑屈なことではありません。自分の考えと相手の考えの共通点や親和性のある点を見つけ出して、自分もその問題意識を共有しているということを伝え、肯定感を持ってもらうということなのです。だから、私にとってお世辞とヨイショの対象は先輩や目上の人間だけではありませんでした。部下や後輩に対しても、仕事や組織管理の上で必要があればためらいなく同じように接していました。

第2の理由は、効果的に場を和ませることができるからです。言葉遣いの工夫一つで相手の気持ちが和らいで会話が弾み、相手が自らの考えを話してくれたり、こちらの説明をよく聞いてくれたりするのなら、こんな簡単で安上がりな手段はありません。お世辞やヨイショと決めつけず、実際に使ってみれば必ず効果を実感できるものと思います。

秘技「オウム返し」と「合いの手上手」

相手に肯定感を与えて会話の雰囲気を好転させるポジティブ・コミュニケーションの技には、「オウム返し」というものもあります。これは、会話の中で相手の言葉を捉えて「まさに今おっしゃった点がポイントなんですよ」「まさにそこが難しいところなんですよ」とオウム返しに引用しながら話をさらに展開していくという技です。「合いの手上手」と言ってもよいかも知れません。

説明の際、相手方はわれわれのことを防衛や安全保障の実務専門家だと受け止めて、多かれ少なかれ身構えています。そんな中で相手の言葉を引用して話すと、こちらが問題意識を共有していることが伝わり、相手の顔も立ち、警戒心が解かれ安心感が醸成されていきます。こうして打ち解けた雰囲気が出来上がれば、人は自分の考えを話しやすくなります。これに似た手法はカウンセリングでも使われているそうです。カウンセラーが相談者の言葉を引用しながら会話すると、相談者は自らの話を肯定されたという印象を受け、安心して心を開いていくのだそうです。

最近あるホテルのウェディングプランナーの人たちにこのエピソードを紹介したところ、「同じ経験があります」「会話の中でお客様のおっしゃることを引用すると話が弾むんです」と言われました。プロのプランナーに自分の発言を引用しながら話されると、迷いや遠慮、ためらいなどが緩和されて安心感、肯定感がもたらされる結果、雰囲気が和むということだと思われます。

また、経験上、この技は笑いを見せずにできるだけ真剣な顔で発動するとより大きな効果があります。さらに、「オウム返し」を使う場合には、どのタイミングで発動するか、どの話題に対して合いの手を入れるのかをよく考えなければならないので、自然に注意深く相手の話を聞くこととなります。高い注意力と集中力をもって会話をすれば、その内容は濃密なものとなり、結果も実り多いものとなります。

ここに挙げた技は、基本的に私自身が細かな失敗と手直しを繰り返しながら身につけてきたものですが、今回改めて調べてみたところ、同様の手法が他の場でも紹介されているのを見つけ意を強くしました。

直球勝負の「事業仕分け」

2009年8月に日米関係などを担当する防衛政策局の次長に異動しました。

この年11月、誕生直後の民主党政権の下で事業仕分けが行われました。防衛省の案件は、「世界一になる理由は？　2位じゃダメなんでしょうか？」という「仕分け人」の発言が出て話題を呼んだ分科会で議論されました。当初は上司の防衛政策局長が対応するはずだったのですが、海外出張の日程と重なってしまったため、次長だった私が代打として駆り出されました。

ただ、幸いなことに防衛省の出番は事業仕分けのスケジュールの中では後半の11月26日に設定されていたので、本番を迎えるまでの間に他省庁のやり取りの模様を観察し分析することができました。その結果、いくつかの有益な対処方針が得られました。

まず、質問されたことに対して正面から答えずにはぐらかすような態度をとることは論外で御法度。また、冗長な説明だと趣旨がぼやけるので、極力短く簡潔に答えるのが望ましいこと。さらに、事業の趣旨や必要性に疑問を呈された場合に、いかにも弁解がましい消極的な理屈で守ろうとするのは避けなければならないこと。その上で、われわれは悪いことをしているわけではないのだから、防衛の必要性を正面から堂々と訴える直球勝負が重要だと考えました。

事業仕分けは、行政のしがらみの薄い民間委員や政治家などが第三者的な眼で事業に切り込み、財務省の助言を受けながらコストの無駄を見つけ出してカットするという構図ですので、事業を推進する側は最初から受け身の立場に立たされ、無意識に弁解じみた説明や消極的・防御的な説明をするように追い込まれていきます。

これを防ぐには、正面から事業の必要性を主張すること、誤解を恐れずに言うなら「徹底して開き直ること」が必要だと考えたのです。この方針の下に様々な問いを想定し、極力短く簡潔な答弁を用意しました。

こうして準備万端整えて臨んだ仕分けの当日、午前中はまず自衛隊の実員の増員がテーマとなりました。その序盤で、自衛隊の定員と実員、充足率の現状に関するごく基本的な数字を問われました。十分にデータもそろえていたので楽勝のつもりだったのですが、なんとその場で資料が出てこず、結局答えられなかったのです。この凡ミスに焦り、その後の対応はグダグダになり、終始相手のペースで仕分けが進んでしまいました。

最後には実員と定員の考え方や業務の民間委託のあり方について厳しい指摘を受け、一敗地にまみれて終わりました。会場となっていた国立印刷局市ヶ谷センターから本省まで歩いて帰ってくる途中でテレビ局の取材を受けたのですが、敗戦のショックと悔しさのため完全に上の空で、何を聞かれ何を答えたのか全く覚えていません。

前半で痛恨の凡ミス、後半は……

砂を噛むような思いで昼食をとった後、気を取り直して臨んだ午後のテーマは装備品の取得の見直しで、私が担当したのは弾道ミサイル防衛システムＰＡＣ－３の取得という事業でした。例の有名なフレーズから連想して「その事業は今年やらないといけないのか？どうして来年じゃ駄目なのか？」という想定問答も用意しましたが、あまりに露骨な２匹目のドジョウなのでさすがに聞かれないだろうと思っていました。ところが仕分けの本番で同じ趣旨の質問が出たのです。そこでかねて準備していた通り、今年やらなければ来年までリスクを持ち越すことになるという旨を即答したところ、二の矢はありませんでした。

さらに、最終盤には民間委員から、防衛省の要求は防衛大綱の水準を超えているのかどうか端的に答えよ、と問われました。防衛大綱は保有すべき防衛力の上限を示した文書なので、まさか上限を超えて要求しているのではあるまいな、というニュアンスの質問でした。しかし、私にとってこれは開き直りの絶好のチャンスでした。防衛大綱の上限を超えるとしてもとにかくＰＡＣ－３を増やさなければ北朝鮮の弾道ミサイルの脅威に対応できない、というのがわれわれの切迫した危機感だったからです。

そこで、「超えています。大綱の中には、情勢が変わった時には所要の修正を行うという条項が含まれております。われわれとしましては、その修正条項をお願いしたい」と、ど真ん中に直球を投げ込みました。それ以上の追及はなく、このセッションは政治判断を要する事項なので仕分けをしないという結論になりました。

私は全部で3項目担当し、自己採点で勝ち点4（1勝1敗1分）だったと自負していますが、基地問題で4項目を担当した井上源三地方協力局長（後に内閣府審議官）が勝ち点10（3勝1分）を挙げたのには驚かされました。井上局長は日頃から現場に赴いて自分の目で見て考えるというスタイルを大事にしており、基地問題担当の地方協力局長に就任すると、公式の出張を待ち切れずに就任直後の週末に自費で沖縄へ飛び、自らレンタカーを運転して米軍基地エリアを見て回ったという逸話の持ち主でした。仕分けでも地元自治体の実情や行政側の限界など現場のリアリティーを踏まえた説得力のある説明をしたのです。

ここぞという時には、臆せずにリアリティーに基づいた直球で押す正攻法が効果的です。

普天間問題で直球勝負

防衛政策局次長時代には日米安保協議を担当し、普天間基地の辺野古移設やオスプレイの普天間導入などに携わりました。民主党政権は、普天間移設について「最低でも県外」を主張し、自公政権下で結ばれた日米合意を事実上白紙に戻したため、米側との議論もゼロならぬマイナスのラインからスタートしなければなりませんでした。

同盟国である米国との間では、日常的に様々なレベルで安全保障に関する政策協議が行われています。中でも中心的なものが次長・審議官級の協議で、当時は月に一度以上のペースで開催されていました。メンバーは、日本側が私と外務省北米局の審議官、米国側が国防・国務両省の次官補代理という4者でした。普天間移設問題もこの場で協議されましたが、双方が自らの論理を主張し合い一歩も引かない直球勝負となりました。

既に一度政府間で合意した内容を日本側がひっくり返すという形だったので、出だしから日本側が難しい立場に立たされました。日本側は「地元の理解を得て安定的に基地を使用するのは日米共通の利益であり、既になされた合意についても検証が必要だ」と主張するのに対し、米側は「両政府間でなされた合意は有効であり、見直す必要はない。合意について地元の了解を取り付けるのは日本政府の責任だ」と反論するという構図です。

協議が直球の投げ合いとなり論理の応酬になると、議論はかみ合う反面、雰囲気はどうしても刺々しくなります。この時期の次長・審議官級協議は正にその典型でした。

ある日の協議の冒頭、私が普天間基地問題に関する日本側の最新の検討状況を説明したのに対して、米側から皮肉たっぷりに“Thank you very much for your very very disappointing briefing.”と言われたシーンは未だに脳裏に鮮明に焼き付いています。当時は米側から「d」で始まる言葉（disappointing, discouraging, disgusting 等々）を次から次へと投げかけられて不愉快な思いをしていたのですが、あまりに何度も言われるので、最後には時候の挨拶みたいなものだと聞き流せるようになっていました。

またある時には、新聞に「日本側は、グーグルマップに線を引いただけのいい加減な案を示すだけ」というアメリカ発の記事が掲載されたこともありました。場外乱闘を狙った米側のジャブでした。この頃、われわれのチームの施設業務の専門家は、政権が思いつく様々な案をフォローし、不眠不休で実現可能性を追求していました。現地調査のため、チームのメンバーが徳之島へ飛んだこともあります。

いい加減な作業などしていないのに、政権幹部からは「米側からこんなことを言われるのは事務方の作業に問題があるからではないか」と難詰されました。不愉快ではありますが、幹部がわれわれよりも新聞記事を信じたというのは米側のメディア工作が奏功したということだったのでしょう。

もちろん、日本側が一方的に押しまくられてばかりいたわけではなく、開始前にこちらが席を蹴って協議を決裂させたこともありました。一部にはわれわれ役人が米国と気脈を通じて移設先を強引に辺野古へ戻したように見る向きもありますが、われわれは当時の政権が指示する方向で解決策を見つけるべく、米側に常に厳しい議論を挑んでいました。

しかし、最終的に普天間移設問題は原案通り辺野古移設で決着し、「最低でも県外」は実現しませんでした。民主党政権の主張通りに正面から直球勝負を挑んで、米側から見事に打ち返された、というところでしょうか。交渉当事者として、この結果については複雑な心境だとしか言い様がありません。

乾坤一擲のジョーク

同盟国なのだからもう少し良い雰囲気で協議したかったというのが正直な気持ちですが、あまりにもギスギスした雰囲気に耐えかねて苦手なジョークを放ったこともありました。２０１１年４月１日のことです。東日本大震災の直後で、普天間移設も進展しておらず、日米協議にも停滞感が漂っていました。そんな雰囲気を変えたくて、たまたま協議前日の３月31日に行われた日仏首脳会談と当時進んでいた空自のＦ４戦闘機の後継機選定を結び付けてネタとさせてもらいました。

Ｆ４後継機の候補にはフランス製の「ラファール」も入っていたので、日米協議の冒頭、「昨夜の日仏首脳会談で、フランス側から水没したＦ２戦闘機の代替としてラファールを供与するとの提案があった。Ｆ４後継機の選定に当たっても、この提案は考慮に入れることになるだろう」と切り出しました。

仏の戦闘機の供与というのは架空の話なのですが、F2の水没は事実だったので、私のカウンターパートは思わぬライバル出現と思い込み「フランスはいくらで売ると言っているのか」と真顔で聞いてきました。私が真面目な顔で「今後の調整によるが、無償援助の可能性もあると聞いている」と答えたところ、彼はやや顔を引きつらせて「なんと気前の良いことか」とつぶやきながらメモをとっていました。

気がつくと隣に座っていた外務省の審議官も怪訝な顔でメモをとっていたので、頃合いと判断して「今日は4月1日だよね」と言ったところ、会議室は大爆笑に包まれました。エイプリルフール限定の乾坤一擲《けんこんいってき》のジョークで、協議はいつになく和やかに進みました。

直球が通用しなかった沖縄

もう一方の当事者である地元沖縄県との協議では、直球が全く通用しませんでした。日米協議に臨む際と同様に、沖縄県に対しても必死に論理的な説明を試みましたが、地元との協議は全くの別世界でした。

私は、人口密集地にある普天間基地の危険を早期に除去することが最優先のはず、人口の少ない北部に移設すれば安全性は高まり騒音被害も減少する、キャンプシュワブなら埋め立てで基地面積を若干増やすだけで対応可能、それにより海兵隊員の数も減る、本島南部の多くの米軍施設も返還され大きな経済効果も期待できる、との説明を繰り返しました。

この辺野古移設案は、政府が関係者の意見を聞きながら何年もかけて練り上げたものです。今でも唯一の現実的な解決策だという自信がありますが、沖縄側からは全く前向きな反応を得られませんでした。そればかりか、面と向かって「あなたの説明は理屈ではそうかも知れないが、われわれの心に全く響かない」と言われたこともありました。

沖縄出張の際に生卵を投げつけられたこともありました。2015年8月のことでした。防衛政策局長として大臣の沖縄出張に随行し、那覇市内に入ったところで乗っていた沖縄防衛局の車に生卵がぶつけられたのです。

たまたま大臣の車列とは別ルートで行動中の出来事で、どうやって車が特定されたのかはわかりません。もちろん、誰が投げたのか、私が標的だったのかも知る術はありません。

沖縄基地問題に携わる人たちの間では、昔から「一緒にヤギ汁を食って、泡盛を酌み交わさなければ本音では語り合えない」と言われてきました。わが国で唯一地上戦を経験し戦後も長らく米国の占領下におかれてきた沖縄県の歴史に対する理解や、そうした歴史によって形作られてきた県民の「感情」に対する配慮がなければ沖縄県民を動かすことはできない、性急に理屈で説得しようとしてもうまくいかない、という意味なのだと思います。

十分なコミュニケーションがとれずに私の現役時代は終わってしまいましたが、退官後に当時沖縄県の知事公室長だった又吉進氏らとお付き合いを深めさせて頂く中で、徐々にわかってきたことがあります。

２０１３年12月に仲井《なかい》眞《ま》弘多《ひろかず》沖縄県知事は辺野古の埋め立ての承認と引き換えに政府に対して「普天間基地の5年以内の運用停止」という条件を要望しました。この翌年に防衛政策局長となり再び沖縄問題に携わることになった私は、5年というあまりにも短い非現実的な期限に悩まされました。

しかし、この一見して無理な条件には、当時の県幹部のしたたかな戦略が込められていたのです。実際に5年間で代替施設を建設して普天間基地の運用を停止することなどできないのは県側も十分理解していました。たとえ5年後に運用停止が実現しなくても、国が約束を守れなかったという事実は残ります。この点を足がかりにして、次の基地返還の要望を国に飲ませるチャンスが生まれます。こうした努力を積み重ねることで、「基地返還」を主張するだけでなく現実的かつ段階的に基地の整理・縮小を実現していこうというのが、仲井眞知事や又吉公室長の思いでした。現役時代には、残念ながらこのことを十分に理解していませんでした。相互に理解し合い共感を得るためには、やはり時間をかけて対面で話し合い、信頼関係を作らなければなりません。

新型コロナウイルスの影響で難しい時期が続きそうですが、これからもお付き合いを大切にしていきたいと考えています。

弾丸ツアー後に襲った呼吸困難

この頃、在日米海兵隊は、沖縄の普天間基地所属の老朽化した輸送ヘリに代えてオスプレイを導入しようと計画していました。オスプレイは回転翼機と固定翼機の両方の長所を併せ持つ先進的な輸送機ですが、開発段階で何度も大事故を起こし多くの犠牲者を出したため、危険な欠陥機というイメージが定着していました。市街地の真ん中に位置する普天間基地に危険な「未亡人製造機」オスプレイが配備されるということで、沖縄では強い反対運動が起きました。配備事業の担当だった私は、オスプレイに実際に搭乗して安全性を確認するため、2011年6月に米国のミラマー海兵隊基地を訪問しました。

映画「トップガン」の舞台になったミラマー基地は西海岸のカリフォルニア州サンディエゴ近傍に位置し、以前は海軍が戦闘機部隊の基地として使用していました。晴天が多くて暖かい土地というイメージがあったのですが、実際に訪れてみると乾燥していて予想よりもずっと涼しい所でした。今にして思えば、この涼しさが大敵でした。

夕刻に現地に到着し、夕食をとった後すぐにベッドに入ったのですが、時差のせいであまり眠れず、翌朝起きると鼻と喉に違和感がありました。典型的な風邪で、鼻水を拭いながらブリーフィングを受け、オスプレイに体験搭乗しました。不安定だと指摘されていたローターのモード変換は、機内にいるとナセル（ローターの駆動装置部分）の角度が変わったのに気づかないほどスムーズでした。

飛行を終えた後はいつもの弾丸ツアーで日本にとんぼ返りし、翌日東京で米国人と会議をし、夜の会食を終えて帰宅した頃には喉の痛みが耐え難いほどになっていました。それでいつも使っていたスプレー薬を喉の奥に吹き付けたところ、唐突に喉がふさがって呼吸ができなくなりました。必死に咳払いや深呼吸を試みたのですが全く空気を吸い込めず、一瞬このまま死を迎えるのかという思いが頭をよぎり、パニックに襲われました。

幸いすぐに呼吸は回復し大事には至りませんでしたが、息苦しさが去らないため念のため自衛隊中央病院に入院し、その週末は病院のベッドで過ごすこととなりました。

大手新聞社に乗り込み「他流試合」

普天間移設問題は政権交代の影響を受けて混乱し、辺野古移設はほとんど前に進まず、多くの報道機関も辺野古移設案を批判的、懐疑的な眼で見ていました。そこで、私はつてを頼って手当たり次第にマスコミ各社を回り、論説委員等への説明を繰り返しました。そんな中で、２０１１年12月のある日、辺野古移設に特に批判的なある新聞社の論説委員会議で説明させてもらった経験は忘れられません。今考えると無謀としか言い様がありませんが、私は「社論を変えてもらおう」とばかりに意気込んで乗り込みました。ところが、会場の会議室へ入った途端、まず集まっている人たちの数の多さに圧倒されました。

出席者はせいぜい数人くらいだろうと勝手に想像していたのですが、論説主幹以下なんと十数人の論説委員に加え政治部の記者なども含めて20人以上の関係者が集まっていたのです。さらに、説明を始めてからは、防衛問題を担当していない人たちから提起される質問の鋭さに驚かされました。法律家出身の議員が多い公明党の部会に一人で法案説明に行ったような感じでした。

次から次へと繰り出される厳しい質問に全て一人で答えながら、まるで1対多の他流試合を闘っているような気分を味わいました。この会議を通じて、自分の説明の中で何が足りないか、どの点に批判が集中するのか、批判する側は何を一番懸念しているのか等々が浮き彫りになりました。とても貴重な経験でしたが、もちろん社論は変わりませんでした。

これと同じ頃には、辺野古移設反対の急先鋒である沖縄の新聞社へ説明に乗り込もうと企てたこともありましたが、さすがに色々な意味で物議をかもしかねないということで上司にきつく止められて実現しませんでした。このほかにも米海兵隊オスプレイの普天間導入問題や平和安全法制などについて、報道機関と調整がつきさえすれば喜んで説明に赴いていました。こうしたマスコミ行脚は、政策に係る論点を確認する助けになると同時に、自らの説明スキルの向上にも大いに役立ったと感じます。

マスコミ業界のことを詳しく知っているわけではありませんが、優れたコラムニストの道を歩むような書き手の人たちは、特ダネではなくテーマに対する切り口や洞察の深さで勝負しています。このため、彼らに説明する際にはバックグラウンドを丁寧に説明することは当然として、切り口の角度を様々に変えながら話すように心がけていました。マスコミ各社の人たちとの議論を通じてこちらが気づかなかったような切り口が見つかることもあり、自らの思考を深める手助けともなりました。

両極端のマスコミ対応

自衛隊創設以来今日に至るまで、一貫してマスコミの厳しい批判にさらされてきた防衛省にとって、マスコミ関係者とどう付き合うかというのはずっと悩ましい課題でした。毎年毎年防衛予算は細部に至るまで批判的に検証され、訓練中や活動中の事故はもとより、隊員の不祥事のみならず自衛官ＯＢの不祥事に至るまで厳しく糾弾されてきました。

このような環境の下、職員の間には、マスコミの理解を得るために積極的に政策などの説明に努めるよりも、批判の材料を与えないよう必要最小限の接触にとどめる、どうしても記者の質問を受けなければならない場合にも木で鼻を括るような対応に終始するというような傾向が根付き、それが現在も続いているように感じられます。しかし、このような対応では組織の意図や政策の内容が正しく伝わらず、かえって不正確な報道につながりかねません。

一方、マスコミ対応が消極的であるにもかかわらず、防衛省に関係する様々な特ダネ報道がテレビや新聞を賑わせてきたことも事実です。構想段階の新規装備の導入プラン、日米間で調整中の施策の内容、最終決定されていない予算額の数字、あるいは未公表の不祥事情報など多種多様ですが、それらの中には明らかに内部の者によるリークと思われる例も数多くありました。リークについては、省内で問題視されてきただけでなく、その時々の政権中枢からも「こんなに秘密が漏れるようでは有事に敵と戦うことなど到底できない」と繰り返し厳しく叱責されてきました。

過去には、記者会見の種類・回数が多過ぎるのが原因だから減らすべきだという指摘を受けたこともありました。防衛省では各省共通の大臣定例会見のほかに、報道官と4人の幕僚長（陸海空各幕僚長と、それを束ねる統合幕僚長）がそれぞれ会見を行っています。確かに記者会見の機会は多いのですが、こうした場で突如秘密が明かされたりすることはないので、会見の数を絞ればリークが減るというわけではありません。

むしろ、リークの原因として以前から囁かれてきたのは、ルールに従わずに組織や政策への異論、上司や同僚への不満・恨みなどを吐露したり、様々な便宜を図ってもらう見返りとして情報を提供したりするマスコミとの不健全な関係の存在でした。リークする本人は自分がやったとは言わないし、マスコミ関係者は「取材源の秘匿」と称して特ダネの提供元は決して明かさないので、ここでは単なる噂としか記述しようがありません。しかしながら、リークが存在すること自体は事実です。

素っ気ない木鼻《きはな》の対応か、見返りを期待するような不健全な対応かという両極端のマスコミ対応が生まれてしまう背景には、報道機関との付き合い方について組織としての対処方針が明確でないという問題があるものと感じます。マスコミ対応の基本に関する「組織知」が確立されておらず、共有も継承もされていないため、職員は個々の判断によってマスコミに対応せざるを得ないのです。

過度の警戒心による不親切な対応や利害の介在する不健全な関係を減らすためには、望ましいマスコミ対応の在り方を整理し、職員の間でしっかり共有する必要があります。

バックグラウンドブリーフィングの重み

私自身も、若手の頃にはマスコミに対して理屈抜きに強い警戒心を抱き、できる限り接触を控えようとしていました。先輩からマスコミとの付き合い方について筋道立ててしっかり教えてもらうような機会はなかったし、まして報道対応の研修などは存在していませんでした。転機が訪れたのは、官房文書課の先任部員を務めていた頃でした。

当時上司だった江間清二官房長（後に事務次官）が、「記者との接触を怖がる必要はない。マスコミと付き合う際に大事な点は、記者が知りたいことを隠すのではなく、知りたいことを正しく伝えることだ」と教えてくれたのです。当時はまだ報道官のポストもなかったため、官房長は大臣会見に立ち会うだけでなく、自らも会見を行っていました。仕事柄、記者との懇談なども頻繁に行っており、その経験を伝えてくれたのでした。

江間官房長によれば、「マスコミ各社の記者は記者クラブに平均して1年くらいずつしか在籍していない。役人だって、一つの仕事をきちんと身につけて一人でこなせるようになるには普通2年くらいかかる。それと比べれば1年はかなり短い。記者たちは、その短い期間のうちにもしかすると初めて聞くような問題についても正確な記事を書かなければならない。その際に、役所から抗議を受けるような誤った記事は絶対に書きたくない。だから必死に取材して、正しい内容を書こうと努力しているのだ。われわれは、バックグラウンドブリーフィングという形で基礎知識を丁寧に教えてあげることで、その努力を助ければよいのだ。記者との付き合いについて特ダネを渡して恩を売ることだと勘違いしている人もいるが、そんなのは邪道で論外だ」とのことでした。

たまたまこういう指導をして頂けたのは、幸運だったと思います。それ以来、記者の人たちに素っ気ない対応をするのではなく、できるだけ丁寧なバックグラウンドブリーフィングを行うよう心がけるようになりました。

各省庁からマスコミへの「ご説明」

防衛政策局次長になった頃から、取材に答えるだけでなく積極的に機会を求めてマスコミ各社に説明に赴くようになりましたが、これは他の中央官庁においては別に珍しいことではありません。

ある時、親交のあった大手新聞の論説委員から「先日、財務省の防衛担当主計官が『予算のご説明』にやって来たよ」と言われました。財務省には財政研究会というれっきとした記者クラブがあって各社の担当記者が常駐していますし、各社には財政担当の論説委員もいます。しかし、財務省の役人は、財政担当だけでなく防衛担当の論説委員の所にまで財政状況や防衛予算に対する自分たちの考え方を説明するために足を運んでいるのです。

説明を聞いてその内容を正しく理解すれば、それを無視して記事を書くわけにはいきません。これと同じことは、政界や学界、財界にも当てはまります。要するに、味方を増やしたいと思ったら自分たちの考え方を正確に理解してもらうことが第一歩であり、かつ最も効果的だということです。そのためにも、役人は内弁慶にならずに、政策に対する幅広い理解と支持を得られるよう外に向かって説明の機会を求めていく必要があります。

節度のある関係作り

現役時代には大勢の記者と付き合い、その中の多くの人たちとは今でも親交があります。バックグラウンドブリーフィングに努めていれば自然に親しくなるし、親しくなるほど議論も弾み、相手の理解も得やすくなります。世間一般の人たちは新聞やテレビを通してわれわれの政策に触れることが多いのですから、記者と良好な関係を作り、政策を丁寧に説明して正しく理解してもらい、内容を正確に報じてもらうよう心がける必要があります。

他方、いかに親密な関係を作れたとしても、取材する側の報道機関と、される側のわれわれとの間には構造的な緊張関係があります。記者と親密になり過ぎた結果、この関係性をうっかり忘れて秘密の情報を口に出してしまうことがあってはなりません。まして、自分の利益のために秘密を漏らすようなことは言語道断です。マスコミ関係者との間では、「言えないことは言えない」とけじめを持って対処するような節度のある付き合いが必要です。

こう書くと、いかにもわれわれ役人の側にマスコミに報じられてはいけないような後ろ暗いことがあって、節度を持って付き合うというのはそれを隠し通すことであるかのように聞こえるかも知れません。しかし、私が従事してきた国の防衛という分野には、事柄の性格上公表になじまないようなものが数多く存在していました。

「事柄の性格上公表になじまない」というのは役人の世界でよく使われるセットフレーズですが、大切なのはこのフレーズを一つ覚えで安易に繰り返すことではありません。どういう事柄のどういう性格が公表できない理由なのかを十分に理解し、それを対外的にも説明することが重要なのです。

例えば、防衛省はわが国周辺における外国の軍事動向に常に目を光らせ、様々な情報を集めています。その中には、一部を明かすだけで情報源が特定され、対応策を講じられてしまう結果、以後その情報を取れなくなるというようなものも含まれています。あるいは、自衛隊の保有する装備品の性能の細部が明らかになれば、戦場で相手方が有利となり自衛官が命を落とすことにつながりかねません。さらに、作戦計画が明かされてしまえば、自衛隊の手の内が全て明らかになり国の防衛が成り立ちません。

こうした国の安全や自衛隊の活動の成否に直結する情報については、特別に慎重な扱いが必要です。これ以外にも、例えば個人情報は慎重に扱わなければなりません。このような機微な内容について取材を受けた場合には、それを公にできない理由を丁寧に説明した上で「答えられない」としっかり伝えることが重要です。

私の経験では、普通の感覚を持った記者は必ず理解してくれます。付き合いの長い記者の人たちは大勢いますが、彼らは口をそろえて「黒江さんからネタもらったことないんですよねー」と言います。ここで説明したようなポイントを頭に入れて、むやみにマスコミを怖がることなく、取材には適切なバックグラウンドブリーフィングを行い、健全で建設的な関係を築いていくことが望まれます。

相手に恵まれた中国との対話

防衛政策局で局長や次長を務めていた時には、米国だけでなく中国や韓国など様々な国の国防当局者と対話や交流を行う機会がありました。それらは基本的に国益を背負っているわゆる直球勝負で議論する場だったので、協議のたびに準備に相当の時間を費やし、論理を研ぎ澄ませて臨むよう努力しました。同時に、これらは人間同士の付き合いの大切さを再認識する機会ともなりました。

日中防衛交流・安保対話は、両国防衛当局間の信頼関係を構築することが出発点であるため、米国などとの協議とは異なり、特定のアジェンダについてスピーディーに議論が進むことはなかなか期待できません。加えて、日中の政治的関係の影響を受けて協議そのものが中止されたり、いざ協議が始まっても中国側の公式見解の連発に悩まされたりするのが常でした。

ところが幸運なことに、私は極めて建設的な議論をするカウンターパートに恵まれたのです。海軍少将だった彼は、海上における日中間の偶発的な衝突を避けるための枠組みが必要だという強い意識を持っており、協議の中で日本側と意見が合わないような場合に、「この部分をこう修正したらどうか」と建設的な妥協案を提示してくれるのです。自らの主張に固執して妥協点を探ろうとしない従来の中国側の態度に辟易していたわれわれにとっては、新鮮な驚きでした。担当が彼に代わったことが契機となり、日中海上連絡メカニズム（当時）の調整は劇的に前進しました。

2012年6月に北京で行われた協議では、事務レベルで大筋合意に達し、あとは大臣同士の署名を残すのみというところまで漕ぎつけることができました。その夜に中国国防部が主催してくれた夕食会は、色々な意味で思い出深いものとなりました。

最初は、すっかり打ち解けた件の海軍少将と談笑しながら、本場の中華料理に舌鼓を打っていました。ところが、宴も半ばを過ぎた頃、中国海軍の若手将校たちが乾杯攻撃のため大挙して押し寄せてきたのです。しかも、この若手艦隊はいかにも酒に強そうな男性士官連と何人かの女性士官との混合編成で、彼女らと乾杯する時にはこちらは2杯空けねばならないという特例まで用意されていました。

この攻撃にこちらも総力を挙げて対抗しようとしたのですが、気がつくと宴会場内の日本側兵力は在中国防衛駐在官の一等海佐と私の二人だけになっていたのです。日本から同行した課長以下の主要メンバーは、別室で食事もせずに協定本文の最後の詰めに忙殺されていたのでした。兵力を分断され二人だけで大艦隊を迎え撃たざるを得なかったわれわれは、圧倒的な兵力差のためあっという間に撃沈されてしまいました。

あれほど苦しかった宵（酔い？）は学生時代以来で、貴州茅台酒《マオタイ》の威力を思い知らされました。こうして文字通り体を張って進めた協議でしたが、民主党政権による尖閣諸島国有化決定のため大臣の署名が遠のいてしまったのは本当に残念なことでした。

ところで、この海軍少将と付き合っているうちに、彼が日本だけでなく米国との協議も担当していることがわかってきました。しかも、彼の米国のカウンターパートは、日米安保協議で私が議論を戦わせていた同じ国防次官補代理だったのです。

そこで、ある時私はその国防次官補代理に例の中国海軍少将の印象を聞いてみました。すると「極めて建設的」という私の印象と寸分違わぬ答えが返ってきました。一方で、中国国防部の海軍少将にも米国のカウンターパートの評を聞いてみたところ、彼の答えもやはり私の印象と全く同じで「極めてタフなネゴシエーターで決してyesと言わない」というものでした。

いずれ三人で一堂に会して旧交を温められたら楽しかろうと思うのですが、今までのところは機会を見つけられずにいます。

政治に翻弄された韓国との対話

当時、韓国は同盟国に準ずるほどの関係に位置づけられ、昨今話題のＧＳＯＭＩＡ（軍事情報包括保護協定）の早期締結のみならず、自衛隊と韓国軍との間のＡＣＳＡ（物品役務相互提供協定）を進めようという機運さえ盛り上がっていました。私が担当した日韓防衛対話では、これらの案件について前向きな話し合いを積み重ねることができました。

私が訪韓した時には、ソウルと板門店を往復する車中でカウンターパートと二人で様々な案件について話し合いました。先方が日本を訪れた時には、入間《いるま》の空自基地視察の道中を同じ車で移動して1対1で対話しました。ハワイで行われた日米韓の3カ国協議の際に、二人でワイキキの浜辺を散歩しながら長時間にわたって話し込んだこともありました。

話し合う時間が長ければ長いほど、相互理解は深まるということを実感しました。われわれ二人ともカラオケは好きでしたが、酒はそれほど量を嗜む方ではなかったこと、おかげで現地で「原爆」や「水爆」と呼ばれるウイスキーとビールを混ぜた強力なカクテルを飲まずに済んだことも良い関係を保てた一因だったかも知れません。

しかし、こうした良好な関係を一瞬にして変えてしまうのが韓国政治の特殊性です。目前に迫っていた日韓GSOMIAの署名は、韓国によって一方的にドタキャンされてしまいました。私がこのキャンセルの報に接したのは、奇しくも日中海上連絡メカニズム協議を成功裏に終えて北京の空港で帰国便を待っていた時でした。

その後GSOMIAは、時が移り日韓双方の政権が交代しても粘り強く交渉が続けられ、2016年に署名・発効に至りました。しかし、日韓関係悪化の影響を受けて2019年には韓国が一度は協定破棄を宣言するなど、依然として政治に翻弄され続けています。

冷静に評価すれば、私は中韓いずれの防衛当局との間でも前向きな具体的成果を上げることはできませんでした。ともに政治の影響があってやむを得なかったとは思いますが、成果を残せなかったことは事実ですし、そのことは残念に思っています。しかし、人と人との付き合いには日本人も外国人もなく、本音を語り誠実に対応していれば相互理解は深まるということを実感した貴重な経験でした。

途方に暮れたオスプレイ事故調査

2012年に至り、いよいよ本格的にオスプレイの沖縄配備プロセスが開始されました。ところが、関係各方面に本格的な根回しを始めようとした矢先の4月に、モロッコで行われていた海兵隊の訓練中にオスプレイの墜落死亡事故が発生し、反対運動の火に油が注がれました。事故はこれだけにとどまらず、さらに同年6月、今度は米空軍特殊部隊所属のオスプレイがフロリダで訓練中に墜落してしまいました。

最悪のタイミングでしかも2カ月足らずの間に墜落事故が相次いだことからさすがに私も弱気になり、配備の時期を遅らせるべきではないかとも悩みました。しかし、森本敏防衛大臣は不退転の決意で予定通り配備を進めると明言した上、安全確認のためわが国も独自でモロッコとフロリダの事故の調査を行うという方針を示され、私が事故調査委員会の委員長に指名されてしまったのです。

普通、米軍が外国で起こした事故について、まして米軍が開発したオスプレイの事故について、同機のメカニズムに知見のない防衛省が原因調査をすることなどあり得ません。省内では事故調査の現実性を疑問視する向きもありましたが、大臣は「政府として説明責任を果たすためには絶対に必要だ」として譲りませんでした。航空機の専門知識もない文官の私は、この時ばかりは途方に暮れました。

しかし、時間は待ってくれないのでまずはメンバー選定に着手し、各自衛隊の航空機の専門家を募るとともに、技術監（防衛省の技術系最高幹部）に部外の航空工学の専門家を紹介してもらいました。技術監と一緒に最初にお願いに行った某国立大学教授からは、丁寧なアドバイスは頂けたものの、「大学の理解を得られないので委員会参加はちょっと」と婉曲に断られました。

紆余曲折の末、同じ国立大学でもOBなので平気だと承諾して下さった名誉教授や、防衛大学校の名誉教授、さらには国土交通省航空局の課長さんの参加も得てなんとか委員会が発足しましたが、大学の防衛嫌いには閉口しました。

この官民混合の事故調査委員会で米国への調査出張を行い、シミュレーターなども使いながら米側から詳細な説明を受けました。さらに、米軍内で進められていた事故原因調査報告の原案を夏休み返上で分析し、乏しいながらもわれわれの知識・技術を総動員してそれを検証し、数ある疑問点を一つ一つ米軍に問いただしていきました。

この時期には、既にオスプレイが船便で山口県の岩国基地に搬入され、普天間基地への移動準備が開始されているという文字通り綱渡りの状況でした。マスコミはこぞってオスプレイの危険性を喧伝し、機体の動向をリアルタイムで追いかけていました。岩国基地での試運転の際に「いまオスプレイのプロペラが回り始めました！」と某テレビのアナが絶叫していたのは今も忘れられません。

しかし、当時流布されていたイメージのように飛行自体が危険な機体であるならそもそも航空機の用をなさず、兵員の防護に人一倍神経質な米海兵隊が採用するはずはありません。実際、米軍が運用している他の航空機と比較してもオスプレイの事故率が突出して高いわけではありません。報道各社を回りその点も含めて説明に努めましたが、加熱した報道の勢いは止まりませんでした。当時の私は、普天間基地にオスプレイが到着するのが先か、自分の胃に穴が開くのが先か、というくらい追い詰められた心境でしたが、米軍の全面的な協力もあって9月上旬には奇跡的に報告書を取りまとめることができました。

それから半月ほど経った10月初旬、幸いなことに私の胃に穴が開くよりも先にオスプレイは普天間基地への移動を完了しました。

第4章　経験値で勝負した局長、官房長、次官時代

安保関連法案の参院特別委で答弁する防衛政策局長時代の著者＝2015年９月９日（写真：朝日新聞社）

中国軍艦がレーダー照射

２０１２年秋にオスプレイの沖縄配備完了と前後して運用企画局長に任命され、部員、課長に次いで防衛省の運用部門において三度目の勤務をすることとなりました。

この年9月にわが国政府が尖閣諸島を国有化した直後から、これに反発した中国が同島周辺海域における政府公船の活動を活発化させました。さらに、11月に習近平最高指導者が誕生すると、中国は従来の「韜光養晦」路線を転換し、国際秩序に対して正面から挑戦する動きを見せるようになりました。12月13日には、前日の北朝鮮による弾道ミサイル発射事件直後のスキを突くようにして、中国海警局の航空機が中国機として初めて尖閣諸島周辺のわが国領海上空に侵入しました。

そうした中、翌２０１３年1月30日に東シナ海で中国海軍艦艇を監視していた海上自衛隊の護衛艦「ゆうだち」が、相手の中国艦からＦＣＳ（火器管制）レーダーの照射を受けるという事案が発生しました。

ＦＣＳレーダーは、簡単に言えば火器の照準を定めるためのものであり、たとえ照射する側にその気がなくとも照射された側は攻撃を受けると誤解する恐れが十分にあります。双方が互いの意図を取り違えれば、最悪の場合武力衝突にもつながりかねません。ＦＣＳ

レーダーの照射は、それほど危険なことなのです。通常、この種の外交問題に発展するような重要な情報は速やかに防衛大臣・総理まで報告されますが、本件はそのようには扱われませんでした。

実は、これより10日ほど前の1月19日、同じく東シナ海で中国海軍艦艇を監視していた海上自衛隊のヘリコプターが相手の中国艦からFCSレーダーを照射されたとの報告が上がってきていたのです。この情報は速やかに防衛大臣・総理まで報告され、防衛大臣が照射の事実を公表して中国に抗議する手はずとなっていました。ところが、直前になって待ったがかかりました。照射された電波の特徴について電波分析の専門部隊が詳細な解析を行ったところ、FCSレーダーのものとは断言できないという結果が出たのです。

この轍を踏みたくないと考えたこともあって、私は護衛艦の件については専門部隊による詳細解析の結果が出てから大臣と総理に報告すべきだと判断しました。ところが、東シナ海で行動していた護衛艦から本土の解析専門部隊までデータを送って解析するのに予想以上の時間がかかり、結果が出たのは発生から6日も経った後の2月5日となってしまいました。ともあれ、解析の結果は「クロ」だったので、速やかに小野寺五典《いつのり》防衛大臣及び安倍晋三総理まで報告され、大臣が事実関係を公表し、正式に中国へ抗議しました。

ほろ苦の国会中継デビュー

中国に抗議したところまでは良かったのですが、なぜ発生から大臣・総理への報告まで6日もかかったのか、という点がマスコミや国会で追及されることとなってしまいました。確証がつかめるまで大臣や総理への報告を待つように指示したのは局長の私なので、私自身が衆参両議院の予算委員会で矢面に立たされることとなりました。運の悪いことに、これらの委員会は両方とも総理出席でNHKが中継することとなっていたため、私が失態を問いただされる場面はテレビを通じて全国に流されてしまいました。

事柄の重大性を考えれば、詳細は後日改めて報告することとしても、第一報だけは大臣・総理の耳に入れておくべきだった、というのがポイントでした。その点は野党の指摘の通りで全く弁解の余地はなく、私の予算委員会デビュー戦、テレビ中継デビュー戦はまことに意気上がらないものとなりました。衆議院の審議では、質問に立った野党議員が大臣や総理に対して「(担当局長である私を)叱らないといけない事案だ」と追及しました。

安倍総理の答弁が「事務方の気持ちはわかるわけでありますが、…(中略)…確認は別として、まだ未確認ということで今後は私のところに、もちろん防衛大臣のところに上がってくるようにいたします」という優しいものだったのがせめてもの救いでした。

速報性と付加価値のバランス

最近特に、政治主導でトップダウンの判断が素早くなされる事例が急増しています。役人としてこうした政治のスピード感について行くためには、迅速な報告を心がける必要があります。また、最近のマスコミは危機対応の妥当性を時間で測ろうとする傾向があり、いつ誰が何をやったのか、総理や大臣が報告を受けたのは何時何分だったのか等々に関心が集まり、まさに本件のような遅れがあるとそれは誰の責任だったのかという点が厳しく検証されることとなります。

それもあって、役所内ではとるものもとりあえず上司へ速報するという風潮に拍車がかかっているように感じます。速報自体は緊急事態に迅速に対処するための基本ですし、何かあった時に自分の身を守るアリバイになるという意味でも大切なことだと思います。

しかし、正直に言えば、私自身はこうした「とにかく一報を」という流れにそのまま乗ることにためらいを感じていました。速報ばかりに気をとられていると、情報の信ぴょう性の確認や事態への対応策の検討がどうしてもおろそかになりがちだからです。自分の頭で考えずに情報を下から上へ流すことだけを繰り返していると、十分な材料を整えずに上司に判断を丸投げし、上司の判断に疑問を持たない、疑問があっても議論しないという無責任な態度につながっていきます。

加えて本件については、直前の海自ヘリの件のような「勇み足」をしたくないという意識も強く働きました。このため、私は「情報をそのまま上に伝えるのではなく、情報の信ぴょう性を確認した上で報告すべきだ」と判断したのです。残念ながら、本件においては信ぴょう性の確認に予想以上に時間がかかったため総理や小野寺防衛大臣への報告が遅れてしまい、批判を浴びることとなりました。

最低でも一言耳に入れておくべきだったというのはもっともなので、批判は甘受しなければなりません。私自身その点は深く反省しています。その上で、やはり付加価値の大事さを強調したいと思います。安全保障や防衛の問題については最終的に政治の判断が必要となるのはもちろんですが、適切な政治判断のためには様々な判断材料が不可欠です。「言うは易く行うは難し」というところですが、速報することと必要な付加価値をつけることとのバランスをとるように努力することが重要だと思います。

地獄に仏 「黒江さんか……」

ところで、このレーダー照射事案の国会審議に関しては余談があります。本件について私が国会に呼ばれたのは先に述べた衆参予算委員会の二度だけでしたが、このほかに公明党のある先生も関心をお持ちになり質問の準備をしておられました。

その議員の質問レクに参加した部下が、担当の秘書さんから「報告を遅らせる判断をした担当局長は誰なのか？」と問われ「黒江運用企画局長です」と答えたところ、その秘書さんが急に「え？　黒江さん？　そうかあ……黒江さんかあ……そうかあ……」と逡巡しはじめ、結局質問を取り下げてくれたのだそうです。

実はその秘書さんは、私が国会担当審議官だった頃に公明党の国対事務局長を務めておられたのです。そのため、私は頻繁に彼のもとを訪ねて、様々な相談に乗って頂いていました。防衛問題等についてよくご存知の方だったので、与党として政府を質すのに相応しい論点ではないと判断して質問を取りやめられたのかも知れません。しかし私には、昔のよしみから「武士の情け」で質問を控えて下さったものと感じられました。正直「やっちまったぁ」と悔やんでいたところ、文字通り地獄で仏に出会ったようなもので、人脈とは本当にありがたいものだと痛感させられました。

地獄に仏と言えば、たまたま妻が衆議院予算委員会のテレビ中継を見ており、その晩私が帰宅すると「何なの、あの人（質問した野党議員）!?　お父さん（私）を叱れとか言って、許せないわ」とプンプンしていたのです。追及されるようなミスをしたのは私自身なので、客観的に言えば妻の怒りは当を得ていません。しかし、自分の不始末を国会で追及されていささか落ち込んでいた私にとっては、適否はどうであれ力強い励ましとなりました。夫や親が仕事で苦労している姿を間近で見ている家族は、どんな場合でも無条件に味方になってくれるのだということを再認識させられた一件でした。

誰にリスクを負わせるか

2013年1月に、アルジェリアのイナメナスにある天然ガス精製プラントがアルカイダ系のテロリストに襲撃され、邦人を含め多数の民間人が犠牲になる事件が発生しました。この事件を機に、自衛隊による在外邦人の陸上輸送を可能とする法改正案を提出しました。それまで自衛隊による在外邦人の避難輸送については、航空輸送と海上輸送は認められていましたが、陸上輸送だけは認められていませんでした。他国の紛争に関与する危険を減らすためです。改正法案に対しては、予想通り「他国での戦闘につながり、ひいては海外派兵に道を開く」として強い反対論が起きました。

しかし、そもそも政変や紛争などの際に在外邦人が陸路で避難せざるを得なかった事例はこれまで既に何度も発生しており、そのたびごとに在外日本公館の職員が危険を冒して輸送したり、他国の軍隊に輸送を依頼したりしてきたのです。邦人の陸上輸送のニーズはこれからも発生します。自衛隊にやらせないのであれば、公館員など他の誰かにリスクを負わせなければなりません。丸腰の公館員にリスクを負わせたくないのであれば、厳格な要件を設けて戦闘を避けながら自衛隊に陸上輸送の任務を付与するのが現実的です。

この説明は、「自衛隊が他国で戦闘する恐れがある」という論点のみに集中しがちなところを在外公館員が負わねばならないリスクという論点に引き戻そうとしたもので、法案に難色を示していた方々からも多くのご理解を頂きました。

変化球を織り交ぜる

同じ2013年に成立した特定秘密保護法も、厳しい世論の批判にさらされました。マスコミは、「政府が恣意的に特定秘密を指定し、罰則を設けて表現の自由・取材の自由を制約しようとしている」「防衛省は機密事項が多いので国民が知らないうちに戦前と同じような『いつか来た道』をたどることになる」といったキャンペーンを展開しました。

ここでも、「そうはならないような制度を設けている」という説明だけでなく、「そもそもこの制度で何を守ろうとしているのか」という切り口が効果的でした。防衛省の特定秘密の大半は装備品の性能や部隊の作戦運用計画などの情報であり、それらが明らかになってしまえばいざという時に自衛官の命が失われる恐れがあるのです。表現の自由・取材の自由といえども無制限に認められるものではなく、人命にかかわるような秘密を刑罰によって守るのは決して不当なことではありません。

ここで紹介した邦人陸上輸送法案や特定秘密保護法案の例は、大局的な議論に引き戻すために議論が集中している論点とは別の切り口を提起したものです。私は野球観戦が好きなのですが、これは速球派の投手が時々高めの緩い変化球を織り交ぜて打者の視線を上げさせるようなものかなと思います。

現場経験の乏しさに悔い

2013年7月に官房長を拝命し、職員の人事管理も担当することになりました。その頃、私は自らの経験に照らして現場での勤務について問題意識を持っていました。

私が自衛隊の現場に直接触れることができたのは、入庁直後の1カ月ほどの初任研修、入庁3年目に経験した1カ月のグアム方面遠洋練習航海と2カ月弱の部隊研修、それに折々の出張の際の部隊視察くらいのものでした。入庁3年目の研修では陸海空それぞれの部隊に最低でも1週間ほど泊まり込み、演習場で野営しながら穴掘りをしたり、当時部隊で深刻化していたサラ金問題の実態を詳しく聞いたり、東京で仕事をしているだけでは想像もできなかったことに触れることができました。

しかし、いかんせん研修や視察では基本的に「お客さん」なので、部隊活動のナマの実態や隊員の本音を自分の皮膚感覚としてとらえるのは難しかったような気がします。防衛省の職員である以上、多かれ少なかれ必ず自衛隊に関連する仕事をするのですから、自衛隊の実態をよく知る必要があります。自分が若手部員だった頃や文書課長を務めていた頃、何度も各自衛隊（制服組）と内局（背広組）との人事交流を主張したのですが、「そんなことをしたら配属された陸海空いずれか一つの自衛隊に取り込まれる」とか「もっと他にやるべき仕事がある」とか言われて反対され続けました。

そこで、官房長として人事施策を担当することになったのを機に、若手キャリア職員に半年から1年くらいの部隊勤務を経験させることにしました。単なる研修ではなく、実際に部隊で仕事をすることで自衛隊の実態を体感してもらうのが目的です。

同じような悔いが、自衛隊の海外活動の現場についても言えます。私は、残念ながら「現場事務官」として国連ＰＫＯやイラク復興支援活動の現場に長期間勤務した経験がありません。私の現場経験は、国際緊急援助活動を実施する際の西チモール現地調査と、イラク復興支援活動に関連して行われたバスラの現地調査に参加したことくらいでした。バスラでは後から振り返って結構怖い思いもしたのですが、所詮は一過性の体験に過ぎません。現地で部隊とともに数カ月を過ごした後輩職員の体験談を聞くと、やはり現場でしか経験できないものがあると感じさせられました。

さらに、施設行政の現場についても同様の悔いがあります。自分はずっと中央勤務で、地方防衛局に勤務する機会はありませんでした。引っ越しの苦労がなく、土地勘のある仕事ばかりやってこられたのはある意味他の人たちからうらやましがられることだと思います。しかし、地元調整の難しさや基地所在自治体の本音などに触れる機会がなかったことは悔やまれます。防衛政策局次長時代に沖縄問題を担当しましたが、地方防衛局の勤務経験があったとしたら、仕事に対して別のアプローチができたのかも知れないと思います。

もちろん自分のキャリアは人事当局の判断によるものなのでとやかく言うわけにはいきませんが、役所の意思決定や政策の企画立案が現場のニーズを踏まえて行われるべきことは当然であり、中央で長く勤務することになる人たちほど現場をよく知る必要があると思います。

平和安全法制

2015年9月に国会で可決され成立したいわゆる平和安全法制は、長らく憲法解釈上認められてこなかった集団的自衛権の限定的な行使を可能とするなど、安全保障に関連する法的課題を一挙に解決したまさに画期的な法律でした。2014年7月に防衛政策局長に任ぜられた私は、担当局長として法案の立案から国会審議まで携わりましたが、これにより現行憲法の範囲内で許される法制度はほぼ全て整ったものと考えています。

平和安全法制整備への道のりは、第1次安倍内閣時代の2007年4月に「安全保障の法的基盤の再構築に関する懇談会」が設置されたところから始まりました。懇談会では、安倍総理の指示により集団的自衛権や集団安全保障の解釈に関連する四つの事例を中心として検討が行われました。

この時期に私は大臣官房文書課長を務めており、防衛省関係法令の解釈・立案も担当していたのですが、正直言って懇談会の議論には戸惑いを感じました。法律問題に対するアプローチの仕方が、自分が30年近く慣れ親しんできたスタイルと全く異なっていたからです。自衛隊は創立当初から数々の憲法上の制約を課せられてきましたが、新たな行動が必要となるたびに様々な解釈を試みて制約の範囲を明確化し、自衛隊が行動できる余地を一つ一つ切り取って拡大してきました。湾岸戦争後のペルシャ湾での機雷掃海、国連PKOへの参加、在外邦人の輸送、あるいはインド洋での給油、イラク復興支援活動等々そうした法解釈の例は枚挙にいとまがありません。

ところが、この懇談会のアプローチは、最初に憲法解釈の変更という極めて高いハードルを設定してそれに正面から挑もうとするものでした。私は、懇談会で扱われた四つの事例（米艦防護、米国へ向かうミサイルの撃墜、駆け付け警護、武力行使と一体化する後方支援活動）は、いずれも近未来に実施せざるを得なくなるだろうと感じていました。だからこそ、これらの課題を憲法問題だと整理してしまえば、柔軟な解釈の余地が失われるのではないかと懸念したのです。

政治家や学者が個人の見解を主張する場合には、「憲法解釈を見直すべきだ」というような正論をわかりやすく述べる必要があるでしょう。しかし政府は、いざとなった時には何よりも結果を出す責任を負うのです。憲法解釈の変更の道筋が全く見えない中では、後々の手を縛らないために高いハードルは設定すべきでない、既存の憲法解釈の範囲内で解決策を探るべきだというのが当時の私の考えでした。しかし、2008年6月にまとめられた懇談会の報告書は、私のようなアプローチをとると4事例への対応は「説明が困難」であり成果も「中途半端」なものになるとしました。

この報告書は、内閣が代わり、政権が交替する中でいったんは棚上げされましたが、第2次安倍内閣の誕生を受けて検討が再開されました。

2014年5月に改めてまとめられた懇談会報告書は幅広い法的課題に触れ、特に「保有しているが行使は許されない」という従来の集団的自衛権の憲法解釈を改めるべきことを提言しました。その後、与党内での協議を通じて公明党の賛成も取り付けた上で7月に閣議決定がなされ、政府として正式に憲法解釈を変更し集団的自衛権の限定的な行使を容認することとし、そのための立法作業を開始することを明らかにしました。

閣議決定により憲法解釈変更を宣言した上で法律案を作成するという進め方は思いもよりませんでしたが、解釈変更の論理については、行政官の立場からも全く違和感はありませんでした。

平和安全法案は、2015年5月に国会へ提出され、国会審議は4カ月に及び、国論が完全に二分されるような厳しい議論となりました。集団的自衛権の限定容認の可否など法案の内容に関する議論だけでなく、防衛省の内部資料なるもののリークが相次ぐなど数限りない苦労がありました。

政治家同士の議論を重んじる昨今の国会の風潮の中、平和安全法案の審議においては総理や防衛大臣に質問が集中しました。ある人が集計したところ、安倍総理は相当細かい内容も含めて合計1千回以上答弁に立たれたそうですが、安全保障や防衛に関する豊かな識見を発揮して最後まで余裕をもって正確にお答えになりました。ちなみに法案担当の中谷元《げん》防衛大臣は、総理を上回る2千4百を超える質問に答えられたそうです。

政府参考人だった私もわずかながら答弁機会があり、ある日、野党議員から法技術的な問題を追及され何問か立て続けに答弁したことがありました。たまたまその日の委員会終了直後に国家安全保障会議が開かれ、私もブリーファーとして出席しました。すると、安倍総理は会議室に入室して着席する際、ねぎらうように私の肩をポンポンと軽く叩いて行かれたのです。国会での質疑はわずかな時間ではありましたが、野党議員からの追及ということで相当神経を使って対応したため、よほど消耗した顔をしていたのだと思います。

ところで、平和安全法案の審議は、予算委員会のテレビ中継で有名な衆議院第一委員室で行われました。答弁に立ちながら、昔「ミスター防衛庁」と言われた西廣次官が国会答弁に臨む姿勢について語っていたのを思い出しました。彼は、「特にテレビ入りの委員会は、視聴者の印象が大事なんだ。下を向いて答弁資料を読み上げてばかりいたら、答えが正しかったとしても議論には負けているようにしか見えない。そうならないため、気合い負けしないように質問者の顔をクァッと睨みつけて、絶対負けないという気持ちで答えるんだ」と言っていたのです。第一委員室の答弁席は質問者席と数メートルしか離れておらず、思っていた以上に質問者の表情がよく見えるのです。そんな至近距離で目を伏せて答弁していたら、それこそ気合い負けしてしまいます。このため、私も大先輩の言にならって、極力答弁資料に目を落とさずに質問者の顔を睨みながら答弁するように努めました。中には手元のペーパーばかり見て私と目を合わせない質問者もおり、意地になって睨みつけていたところ、目に余ったのか、ある時ついに野党の筆頭理事から「局長、そんなに睨まないで」と注意されてしまいました。でも、気持ちで負けたくなかったので、その答弁スタイルは結局最後まで改めませんでした。

平和安全法案は、2015年9月19日未明にようやく採決の瞬間を迎えました。われわれ事務方は国会内の政府控室に詰めてテレビで参議院本会議場の様子を見守っていましたが、法案が可決された際には大歓声が上がりました。直後に政府控室へ戻られた中谷大臣を拍手でお迎えしたところ、大臣も感極まったご様子で目を赤くされながら集まったスタッフ一人一人と握手して労をねぎらって下さいました。

平和安全法案の内容は多岐にわたったため、法案の作成過程では関係省庁や連立与党の公明党との調整が難航する場面も多々ありました。

中でも一番印象に残っているのは、重要影響事態安全確保法案の中の「そのまま放置すればわが国に対する直接の武力攻撃に至るおそれのある事態等」という重要影響事態の例示の取扱いを巡る議論でした。この文言は、もともと前身の周辺事態安全確保法の成立時に自衛隊が活動する事態を明確化するため議員修正で追加されたものでした。内閣官房は、例示の文言を削除して自衛隊の海外派遣の選択肢を最大限広げたいと考えていたのに対して、防衛省は当時平和安全法案の中で別に準備されていた国際平和支援法で十分対応可能なので削除する必要はないと考えていました。しかも、議員修正を推進した公明党が削除に反対するのは火を見るより明らかでした。

削除を主張する内閣官房と維持を主張する防衛省の対立は事務レベルでは決着せず、局長レベルのボス交渉に持ち込まれ、後輩から「ゴジラ対キングギドラ」と評されたほどの激論となりましたが合意には至りませんでした。このため、不本意ながら内閣官房の主張に沿って例示を削った形で翌日の公明党部会を迎え、案の定、集中砲火を浴びることとなりました。もともと公明党と同じ考えなのに、主管局長という立場上批判の矢面に立つのはとても複雑な気分でした。削除を主張していた内閣官房の先輩は援護射撃をしようとされたのですが、意地をはって一人で応答を続けました。しかし、最後には部会を仕切っておられた北側一雄副代表から「君はなにか？　国会が追加した文言が気に食わないから削ると言っているのか？」と問い詰められ、沈黙せざるを得ませんでした。最終的に、法案は防衛省のもともとの主張通りに例示が残る形で決着しました。

法案が国会を通過した後、北側副代表に法案成立のお礼挨拶に伺った際に、重要影響事態法案の例示を維持して頂いたことにお礼を言ったところ、「君はあそこを削りたかったんじゃなかったのか」と驚かれました。よく考えてみると、これも一つの板挟みの事例で、結果的にうまく挟まることができたということかも知れません。

２００７年に検討が始まった当初は、懇談会の正攻法過ぎるアプローチに戸惑いましたが、再開後の懇談会の報告から閣議決定による憲法解釈の変更の宣言、慎重だった公明党との合意の成立、さらに法案の作成から国会審議、そして成立に至った一連の過程は、まさに政治的なイニシアティブでした。

平和安全法制は各界から厳しい批判を浴びましたが、「存立危機事態」のような極限状態において国が生き延びていくためには、必要なことは何でもやらないといけません。防衛行政に携わってきた者としては、この法制により法的基盤が整い、極限状態に対応するための政策の選択肢が広がったことを率直に喜ばしく感じるのと同時に、強い緊張感で身が引き締まるのも感じました。これまで欠けていた法制が整った以上、「法制度が未整備だから」という言い訳は通用しません。今後は、これまで以上にわが国を取り巻く安全保障環境に気を配り、緊張感をもって対応しなければならなくなったのです。防衛省・自衛隊の真価が問われる段階に入ったということだと思います。

最後の貧血――平和安全法案対応

平和安全法案が国会で審議されていた2015年の夏、役人生活で最後の貧血に見舞われました。防衛政策局長として法案を担当していた私は、度重なる機微情報のリークにも悩まされながら、肉体的・精神的に苦しい日々を過ごしていました。

そこで、法案が衆議院を通過したのを機に、膨大な答弁作成業務や資料提出業務に忙殺されているスタッフの慰労を兼ねて中間打上げの懇親会を行いました。ところが、積もり積もった疲労のせいで会場のレストランで貧血を起こして倒れ、そのまま深夜に自衛隊中央病院へ運び込まれてしまったのです。部下から事情を伝える電話を受けた妻は、最悪の事態を覚悟して、思わず「意識はありますか」と問い返したそうです。

現役生活の間、覚えているだけで6回脳貧血を起こしました。精神的重圧の大きな厳しい仕事を続けた末、予想外のプレッシャーに直面して倒れるというパターンでした。医師に予防法を相談したこともありますが、「過度のストレスを避ける」という以外にはあまり方法がないようでした。どんな仕事にもストレスはつきものです。まして、危機管理に携わる防衛省でストレスなく仕事をするのは言うべくして困難です。

このため、最低限の自衛措置として、何か起きた時に焦ったりパニックを起こしたりしないように、日頃から良くない事態を想定して備えるよう努力していました。特に、政府参考人として国会答弁に立つようになってからは、国会審議中に貧血で倒れることを恐れ、答弁前夜は様々な状況を想定してメンタルトレーニングを繰り返していました。結果的には国会審議中に倒れたり、深刻なけがをしたりせずに現役を終えることができましたが、それは幸運に恵まれたからに過ぎないと思っています。

必要不可欠なWLB

自分の病歴を紹介したのは、教訓として「鋼のような精神力と底なしの体力を身につけよ」などと伝えたいからではありません。限界を超えて仕事をすることは、組織にも自分にも家族にも結局マイナスにしかなりません。しかし、本省の業務量は圧倒的に多く、どうしても無理しがちになります。

しかも、私のように脳貧血や呼吸困難などといった代償に悩まされずに、何とか乗り切ってしまう人たちも大勢います。そういう人たちの多くは真剣に「公益のためには多少苦しくても頑張らなければならない」と考えており、健康被害の深刻さを実感していないことも手伝って、つい自分も他人も「もう少し頑張れるはず」と思い込みがちです。

「頑張ろう」という気持ちは尊いのですが、こうした仕事のスタイルを続けていては、過度の自己犠牲を前提としたこれまでの業務慣行を改めることはできません。現役時代には職場環境の改善のためワーク・ライフ・バランス（WLB）に力を入れて自ら旗を振ったつもりですが、残念ながらなかなか定着しませんでした。

しかし、これを進めなければ、防衛省のみならず中央官庁はいずれ確実に崩壊します。現役時代の反省に立って改めて考えてみると、この課題を本気で前進させるためにはいくつか必要なことがあるように思います。

まず、役所の幹部クラスが意識を変えることです。ある講演で「組織内で過剰な長時間労働を生む最大の原因」として紹介されたのが、「上司が自らの保身のため部下に膨大な手持ち資料を作らせること」でした。指摘されて、自分も「念のため」などと言ってそうした発注をしていたことに思い当たりました。上司は部下よりも経験豊富で知識も多いはずですから、自分の面倒は極力自分で見るようにしなければなりません。

次に、業務の量やペースを緩和するための具体的な手を打つことです。忙しい部署の人手を増やすか、不要不急の仕事は切り捨てたり期限を延長したりするか、特定部署に集中している仕事を他の部署に分散させて量を平準化するか、あるいはIT化やAI活用を大胆に進めて業務の効率化を図るか、いずれにしてもそうたくさんの選択肢があるわけではありません。策が限られているわけですから、思い切って実行に移すしか道はありません。

さらに、これまで何度も指摘されてきた非効率な国会業務の改善、深夜の質問通告や過大な資料要求・情報公開要求などを国会議員側の努力によって具体的に是正して頂く必要があります。マスコミもこの点を問題視するようになり、最近は改善の兆しが見られるとの報道も見受けられます。それが本当であるならば、喜ばしいことだと思います。

私の場合、過剰労働のしわ寄せは貧血などの形でフィジカル面に現れましたが、人によってはメンタル面に影響が出てしまうこともあります。どんな組織にとっても人は貴重な財産です。自分が現役の時には残念ながら果たせませんでしたが、職員みんながフィジカル面もメンタル面も病むことなく、伸び伸びと能力を発揮できるような職場を何とか実現してほしいと思います。

中央官庁の仕事は3K

平和安全法制が整備された直後の2015年10月に事務次官に任命されました。防衛省の政策すべてを事務的に取りしきる立場ですので、仕事はそれまで以上に難しくなり、責任も重くなりました。同時に、役人人生の終わりが見えてきたせいか、自分は後進の人たちに何を伝えられるのかということをしばしば考えるようになりました。

ちょうどそんな折、人事院から新任の公務員を対象とする初任研修で「公務員の在り方」というテーマで公務員としての心構えについて講義してほしいという依頼がありました。次官になって半年ほどが過ぎた2016年6月のことでした。この講義をきっかけに、中央官庁の公務員の仕事とはどういうものか、仕事をうまくこなすにはどんなスキルが必要か、どんな心構えが必要か、それらを身につけるために具体的に何をすればよいかなどを、できるだけ実践的な形でまとめようと意識するようになりました。

中央官庁は「3K職場」だ、というのが私の実感です。仕事量は多くて「きつい」し、シャワーも使わずに泊まり込みや徹夜作業を続けていれば体は「汚い」し、働き過ぎで体を壊す「危険」や仕事を失敗することによる別の「危険」もそこら中に転がっています。「きつい、汚い、危険」という3K職場の要件を十分に満たしていると言えるでしょう。

しかし、私が言いたい「3K職場」は、これとは違います。その「3K」とは、「企画する（考える）」「形にする（紙にする）」「（関係者の）共感を得る」という三つのKのことです。防衛省の内局を含め中央官庁はそれぞれの所掌に従ってその時々の課題への対応案を企画し、形にし、関係者の共感を得て実行に移すという仕事をしているのです。

勉強と経験から——第1のK「企画」

この3Kサイクルは、課題に対応した適切な政策案を企画する（考える＝第1のK）ことから回り始めます。政策を企画するための特別なコツはありません。「勉強」と「経験」が必要なだけです。内局に勤務する職員たちは、みんなこのことを知っているはずです。このため彼らは、担当分野に関係する様々なことを勉強し、実務に取り組んで経験を積み重ね努力しています。

一つだけ付け加えるとすれば、「物事をありのままに見ることが大切」だという点です。

防衛政策や安全保障政策は、生きて動いている国際情勢を相手にする仕事です。これに対応するためには、対象を冷静かつ客観的に観察することが必要不可欠です。単純なことのように聞こえますが、最初からこうした物の見方をできる人はそう多くないように思います。

私自身も先入観や希望的観測、楽観や悲観に左右されて、「物事をありのままに見る」ことがなかなかできませんでした。51大綱の見直し作業の際には、冷戦終結後の国際構造を無理に自分が慣れ親しんだ予定調和的な物差しで測ろうとしたり、沖縄問題では基地周辺住民の意思を一面的に解釈しようとしたり、多くの失敗を繰り返しました。結局、「物事をありのままに見る」ことの大切さがわかったのは、現役時代も残り少なくなった頃でした。ここでも「勉強」と「経験」が大切なのだと思います。

3Kサイクルの起点となる第1のKが大事なことは当然ですが、政策は案を企画するだけで実現されるわけではありません。行政機構は複雑で関係部署が多く、一つの政策を作り上げ実施していくためには他の部署の理解と協力が不可欠です。さらに、重要な政策であれば、最終的に立法府の了解を得ることも必要となります。

第3のK、つまり自分が立案した政策について関係者の「共感を得る」ことができなければ、いくら良い政策であっても実現できません。そのためには、わかりやすい紙を作ること（＝第2のK）も大切です。これら三つのKは相互に深く結びついているとともに、三つ全てが等しく重要なのです。

必殺「3の字固め」――第2のK「紙」

第2のKである紙の書き方について、試行錯誤の末に必殺技（?）として編み出したのが「3の字固め」でした。

政策を説明する際にも、何をどのような順序で伝えるかという説明の流れ、ストーリー展開を考える必要があります。一般に、文章は「起承転結」でストーリーを構成するとわかりやすいと言われています。しかし、かねがね私は政策を説明するのに「起承転結」の4段階では冗長だと感じていました。

他方で、政策を企画するプロセスを単純化すると、「課題」を認識し、その解決策を「検討」し、最も望ましい「結論」を出すということになります。そこで「起承転結」の4段階に代えて、この「課題・検討・結論」の3段階（これも偶然3Kです！）でストーリーを構成すれば、より簡潔な説明が可能なのではないかと考えました。

また、大抵の物事は三つの異なる切り口を示せば立体的に表現することができます。このため、説明ペーパーはできるだけ少なく、可能なら1枚紙で、構成は「課題・検討・結論」の3項目、検討する際の論点や切り口も三つ、さらには結論を絞り込む際の選択肢も両極と中間の三つの案に集約するよう努力しました。

「3の字固め」にこだわった理由の一つは、それまでの経験上、説明を聞く側の記憶に残るのは3項目くらいが限度だと感じていたからです。そのくらいコンパクトに整理し切れない案件は、多忙な上司の判断を仰いだり、国会議員に説明したりするところまで成熟していないのではないかとすら感じます。

もちろん、役人の世界で言う「詰まった」政策を作るためには、たっぷりとブレーンストーミング等を行い、考え得る限りの論点を網羅して徹底的に検討しなければなりません。そうした基礎作業に用いるペーパーが詳細で大部のものになるのは仕方ありません。政策の立案過程ではとことん細部まで検討し、出来上がった政策案については簡潔な資料を用いて説明するというのが理想です。

また、簡潔に説明することは、都合の悪い論点を隠すことでもありません。上司に判断を求めたり部外者に理解を求めたりする際には、その政策のメリット、デメリットをフェアに説明すべきことは当然です。同様に、簡潔な説明を心がけるとしても、相手の疑問に対しては懇切丁寧に答える必要があります。簡潔な1枚ペーパーで説明しながら、流れや質問に応じてデータなどのバックアップ資料をタイムリーな形で追加的に示していく、というのが望ましいやり方だと思います。

要するに「3の字固め」とは、膨大な思考過程と検討事項を「3段階のプロセス」「3つの論点」「3つの切り口」「3つの選択肢」など「3」を目安としながら整理・集約し、重要な論点とその対応策を手際よく提示していくという技なのです。もちろん、「3」はあくまでも目安です。現実の課題に即して、いずれかの要素が4になってもペーパーが2枚になっても、論点の整理・集約と簡潔な提示ができていればOKです。

私が内閣官房安危室の参事官だった2005年頃に、インド洋での補給支援活動の根拠となっていたテロ対策特措法の期限延長法案を国会に提出しました。内閣官房、防衛庁、外務省の三者が関係する法案だったので共通の説明資料を作って関係議員に根回ししようとしたのですが、資料がなかなか整いません。国際情勢や派遣の経緯、活動の実績などを盛り込んだ長文の詳しい説明資料を作ろうとする防衛庁と、「3の字固め」で簡潔な資料を用意しようとする私の意見が合わなかったからです。

法案の根回しは、与党の部会にいつも顔を出しているような防衛問題に詳しい議員の先生ばかりが対象ではありません。党幹部や国対関係の先生方などたくさんの議員の間を短時間で回らなければならないのです。そういった多くの忙しい先生方の間を研究論文のような長文の説明資料を抱えて回るということが、どうしてもイメージできませんでした。

このため、決して望ましいことではないのですが、資料の統一を放棄して別々の資料を用いました。実際に根回しをやってみたところ、簡潔な資料で全く不都合は生じなかったのでとても意を強くしました。

切り口が大事——第3のK

第3のK＝「共感を得る」ためには、プレゼンにあたって「何をどのような切り口で話すか」をよく考えなければなりません。どんな政策にも1丁目1番地の論点、主要な論点があります。政策について理解を得るためには、そうした主要論点をしっかり掘り下げて説明しなければなりません。

そのため、多くの人が自分の議論を補強するためイラストや概略図を使ったり、関連する数字を紹介したりしていることと思います。特に、数字を使うことは、物事のスケール感を理解してもらう上で効果的です。さらに、単に数字を示すだけでなく、その数字を印象付けるための表現をちょっと工夫するだけでグッと効果が上がります。

例えば、中国の軍事力建設のペースについて「水上艦艇も潜水艦も毎年2～3隻ずつ、最新鋭戦闘機は年に30機ずつ調達している」と紹介するのは事実関係の説明です。これに「自衛隊の場合、艦艇や潜水艦は年に1隻ずつ、第5世代戦闘機は年に数機ずつが精一杯」と付け足すと、中国の増強ペースがいかに速いかを理解してもらいやすくなります。同様に、中国の人口を「約14億人」というのは事実関係ですが、「世界の5人に1人は中国人」と紹介するとスケール感がさらによくわかります。

また、自衛隊のスクランブルについて「年に1千件を超える」というのは単なる事実関係ですが、「単純平均でも毎日3回は国籍不明機に対応していることになる」と紹介すれば、その頻度を実感しやすくなります。こうしたちょっとした工夫が、インパクトのある説明につながるのです。

同時に、説明が細部に入り込み過ぎて「木を見て森を見ない」ような議論に迷い込まないよう注意することも大事です。そうなりそうな時には、「そもそも何故この案件を進めなければならないのか」というような切り口を提示して、大局的な議論に立ち戻るように促すことが有益です。

このような説明の仕方については、速球投手が変化球を織り交ぜるようなものとして既に紹介しましたが、これを実践する際には、「視点を若干後ろに引いて物事を抽象化して考える」ことが役に立つと思います。具体例を挙げてみましょう。

海賊対策に自衛隊を出すなら……

２０１５年の平和安全法案の審議においては、ホルムズ海峡が封鎖されたような場合はいわゆる存立危機事態に当たるのか、その際に自衛隊を派遣すべきか否かが大きな議論となりました。国会では、石油がどの程度不足すれば存立危機事態と認定されるのか、自衛隊の行動範囲は公海に限られるのか、機雷掃海は敷設した国からの攻撃を招くのではないかなど細部にわたって議論がなされました。

賛否は別として、ホルムズ海峡へ自衛隊を派遣できるということを法律的に説明するのは十分可能です。しかし私には、法律論をいくら積み重ねても、派遣の必要性自体はなかなか一般の人の胸にストンと落ちていかないのではないかという懸念がありました。そこで、存立危機事態からちょっと離れて考えてみました。

そもそもよく考えると、今この瞬間にも、日本向けの石油を海賊から守るためにソマリア沖・アデン湾に海上自衛隊の護衛艦と航空機が派遣されています。船主も船員も海上自衛隊が海賊からタンカーと石油を守ってくれるように望み、国民の代表である国会もこれを容認しているのです。海賊に対してすら自衛隊の派遣が求められているのなら、海賊よりもはるかに軍事的に強力なイランがホルムズ海峡を封鎖した場合に国民は何を望むのでしょうか。

危険を避けるために中東の石油への依存をやめるというのなら、それは一つの合理的な選択でしょう。しかし、調達先の多角化を言うのは簡単ですが、実現するには多大な時間と困難を伴います。他方、今と同様に中東からの石油に頼り続けるのであれば、海賊からであれイランからであれタンカーと石油は死守しなければなりません。相手が強力なイランなら、むしろ自衛隊への期待は大きくなると考えるのが自然です。その可能性が高いのなら、事が起きてから慌てて対処するよりも、今のうちに法律を整えて自衛隊に訓練する時間を与えておく方が、はるかに合理的で効果的です。

この説明は、「存立危機事態」の細部からあえて離れて平素の自衛隊の活動を引き合いに出すことで、国民生活にとっての石油の重要性やホルムズ海峡派遣の必要性を浮き彫りにしたものです。法律論を無視しているとして内閣法制局から叱られかねないので、国会の場でこういう答弁はしませんでしたが、非公式の場で話してみると多くの有識者やマスコミ関係者が「わかりやすい」と言って下さいました。

プロフェッショナリズム（P）

職業人にはP・K・Oの3要素が大切だと思っています。国連のPKO（Peace Keeping Operation）とは違って、Pは「プロフェッショナリズム」です。Kは、責任を負う「覚悟」、逃げない「気概」、さらには喧嘩も辞さない「心意気」で、いずれにしても「K」です。

最後のOは「思いやり」です。

役所では、キャリアアップするにつれて、知識や経験のインプットとアウトプットの比重や内容が変化していきます。1年生、2年生の係員の頃は、知識も経験もほぼインプット中心です。私は入庁してすぐに陸上自衛隊の防衛力整備計画の策定を補佐するポストに配置され、陸上幕僚監部に日参して、陸自の編成、装備、運用などのイロハから教えて頂きました。2年目の秋からは官房に勤務し、国会対応や法令・文書審査などを担当し、自衛隊関係の法律や政令の勉強に明け暮れました。

その後、主任、係長、部員と昇任していくにつれて、インプットと同時にそれまでに培ったものをアウトプットする場面が出てきます。この時期には法令立案の「修羅場」における内閣法制局との集中的な議論や、各幕との議論・調整、安全保障政策を巡る外務省との議論、防衛力整備に関する大蔵省との議論などを経験しました。より高度な知識のインプットと政策立案という形でのアウトプット、両方の機会が増えたという印象です。先任部員になると課の組織管理も担当するので、政策立案のみならず、それまでに自分が蓄えた人間関係についてのスキルもアウトプットする機会が増えました。

さらに進んで課長になると、責任はより重くなる一方、部員の頃とは違った視点から様々なことを学ぶ機会を得るようになりました。この頃には、行政府内の議論・調整のみならず、与野党との議論・調整などに主体的に関わる場面も増えました。局の筆頭課長は、こうした仕事に加え、局全体のマネジメントを行うことも必要でした。

いわゆる中2階の審議官や地方防衛局長になるとインプットの機会も増えるはずなのですが、私が経験した国会担当審議官や防衛政策局次長は相対的にアウトプット中心だったような気がします。局長以上のポストでは、それまでに培った自分のスキルをもっぱらアウトプットしていました。

このようなサイクルを意識したのは、文書課長や審議官として国会対応を担当するようになった頃でした。何となく「今の自分は過去に蓄積したものをアウトプットしているだけで、新たなものをインプットする機会が乏しくなっているのではないか」と感じるようになったのです。このため、先輩に紹介された部外の勉強会に積極的に顔を出したり、防衛省の情報本部から提供される分析資料を丁寧に読んだりするようになりました。もともと休日出勤の多い職場ですが、何もない週末でもオフィスに行って一人で資料を読むことが習慣化しました。この習慣は、次官を辞するまで続きました。

責任を負う覚悟（K-1）

総理官邸に勤務していた2001年頃、各省事務次官の元締めで、上司としてお仕えしていた古川貞二郎内閣官房副長官（事務担当）から「いずれ幹部になろうとする者は、自ら責任を負う覚悟を決めておかなければならない」と言われました。

役人人生で少なくとも2回、「覚悟」を決めるきっかけがありました。一度目は、運用課長時代のインド国際緊急援助会議における幹部激怒事件です。修羅場で他人に助けを求めても無駄であり、自分で何とかしなければならないということを思い知りました。

二度目は、２０１１年12月、防衛政策局次長として沖縄問題を担当していた頃です。普天間移設が停滞している焦りから極端で乱暴な言辞を吐くことが多くなっていた私は、そのたびに当時の中江公人事務次官からやんわりと諭されていました。その次官が年明けに退官されると聞いた時に、この先自分を諭すバランサーの役目を果たしてくれる先輩はもういない、と気がついたのです。

当時の手帳を眺めていたところ、「スーパーサイヤ人にならねばならない」「当たり前に、常識的に、前向きに→自覚持たねばならない」という走り書きを見つけました。当時の記憶はもう曖昧ですが、漫画「ドラゴンボール」で厳しい修行の末いつもスーパーサイヤ人でいられるようになった悟空のように、常に持てる能力を１００パーセント発揮できなければならない、仕事ぶりにムラがあったり極端で非常識なことを口走ったりしないように自らを律しなければならない、と反省し自覚したのだと思います。

古川副長官は、「若いうちから自分よりも2階級上の上司が何を考えてどう判断するのかをよく見ておくことが役に立つ。2階級上の上司は、君には見えないものが見えるし、手に入らない情報にも触れられるから、君とは異なる広い見地から判断することができる。それをよく観察して、自分がそのポストに就くための準備をしておくということだ」とおっしゃいました。普段から意識を高く持って準備しておけば、自然に覚悟も身につくということだと思います。

逃げない気概（K-2）

仕事から「逃げない」という気概も大事です。誰しも面倒なこと、難しいことに関わりたくない、逃げて楽をしたいという誘惑にかられます。しかし、逃げるのは責任の放棄だし、責任者が逃げてしまえば仕事は失敗します。周囲はそういう態度を見ています。逃げずに難問に立ち向かえば、苦しいけれども周囲から信頼され評価され、次の仕事にもつながっていきます。逃げれば悪循環、逃げずに立ち向かえば好循環に入っていくのです。私はこのことを特に官房業務から学びました。

入庁2年目に官房総務課（当時）の係員として、国会からの要求を処理する窓口業務を担当しました。国会議員から要求される資料、説明、部隊視察の希望や陳情などをそれぞれの担当部局に割り振り、成果をフィードバックする仕事です。

ところが、その頃庁内には俗に言う「消極的権限争い」、すなわち面倒な仕事は自分の担当ではないと言い張って極力引き受けないという風潮が蔓延していました。私の調整相手はみな10年以上年次が上の先任や班長で、しかも多くは「余計な仕事はしない」という強固な意志と理屈で武装していました。こういう人たちに資料作成や議員説明をお願いし引き受けてもらうのは非常に骨が折れました。

さらに、文書課の先任部員を務めた時には、答弁作成の割り振りで揉めた時（通称「割り揉め」）に関係者を集めて引導を渡すという嫌な役回りも経験しました。こうした業務を通じて、仕事から逃げようとする姿勢がみっともないだけでなく、本人にとっても組織にとっても有害だということがよくわかりました。

「自分の仕事ではない」と逃げる人たちは、逃げる理由を驚くほどよく考え、よく詰めています。しかし、そんなことを考えているヒマがあるなら、関係者の知恵を持ち寄って答弁を書いてしまう方がよほど組織にとっても本人にとってもプラスになります。また、逃げる理屈ばかり考えていると、やれる仕事の範囲がどんどん狭まり、そのうちに最低限必要な仕事のやり方すら忘れていきます。逆に、「自分にはその仕事全てはやれないけれど、できる部分で貢献しよう」と考える人は、それを積み重ねることによってできる範囲が徐々に広がっていきます。

「逃げない気概」を身につける上でもう一つ役に立ったのは、官房が所掌するいわゆるバスケットクローズ、すなわち「防衛省の所掌事務で他の所掌に属しないものに関すること」の存在でした。官房は最後の砦であり、どんな面倒な仕事からも逃げられないのです。

文書課長の時も官房長の時も、私はこの所掌事務について「他人が嫌がる仕事を引き受けるのは最高にカッコいいことなんだ」と部下を鼓舞し続けました。ただでさえ割に合わない官房業務で苦労しているところに「持ち込まれる仕事は積極的に受けろ。それが最高にカッコいいんだ」などと言われ、部下はさぞかし迷惑したと思います。

しかし、ややこしい案件で処理に困っているからこそ、官房を頼りにして相談に来るのです。頼りにされているのに、抱きつかれるのが嫌だから蹴り飛ばすというような態度で接していたら仕事は絶対にうまくいきません。

役人生活を通じて自分が何一つ逃げなかったなどと言うつもりは毛頭ありませんし、きっと逃げたこともあったのだろうと思います。でも、少なくとも「逃げるのは格好悪い」「逃げたくない」という気持ちだけは持ち続けたつもりです。

逃げないためにどうすればいいか。それは面倒くさいし、苦しいし、簡単なことではありません。でも、手始めに「できない理由を考えるのではなく、自分は何ができるのかを考える」のがよいと思います。最初はちょっとだけしかできなくても、それを積み重ねていけば徐々に大きな仕事もこなせるようになります。そうすれば自信もつき、必ず逃げない気概を身につけることができます。

喧嘩も辞さない心意気（K－3）

自分はどちらかというと温厚な性格だと思っていますが、過去を振り返っているうちに、結構先輩たちと喧嘩していたことに気づきました。天邪鬼だった上に、生意気で跳ねっ返りでもあったのでしょう。こちらから売った記憶はありませんが、先輩から理不尽な喧嘩を売られたら迷わずに買っていました。

法規課主任時代に、法制局審査における厳しい議論を乗り切ってやっとの思いで法案を国会に提出した直後、ある先輩から「君らは法制局審査で譲歩ばっかりしていたらしいな」と言われ、「誰がそんなことを言ってるんだ?」と言い返しながら胸ぐらをつかもうとして周囲の人に止められました。私には体育会系のDNAがあるので目上の人には99パーセント敬語を使ってきましたが、この一件は乱暴なタメ口をきいた数少ない例でした。

若い人たちに喧嘩を奨励するつもりはありません。しかし、冷静に考えてどうしてもおかしいと思ったら、相手が先輩でも正々堂々と（敬語で）反論すればよいと思います。独りよがりではいけませんが、正当な反論はプロフェッショナリズムの表れでもあります。もちろん、先輩風を吹かせて後輩に意味のない喧嘩を売ったりするようなことは論外ですので、十分気をつけなければなりません。

思いやり（○）

職業人たるものは、同僚や部下、家族に対して思いやりをもって接しなければなりません。同僚や部下への思いやりは職場の雰囲気を明るくし、職員の士気を向上させます。思いやりは、言葉を通じて伝わります。普段の会話では気がつきにくいことですが、人が口にする言葉には大きな力があります。適切な言葉を使えば、一人一人の士気を高め、組織全体を活性化することができるのです。

私が役所生活を送った昭和・平成のレトロな雰囲気の中では、今でいうパワハラまがいの指導などは日常茶飯事でした。職員が上司に「死ね」などと面罵されている場面に出くわすことも珍しくなかったし、自分がその対象になったこともありました。

特に、国会との調整窓口を担っていた2年生の頃にはずいぶん嫌な目に遭いました。国会からの要求を持って各課の先任部員や班長のところへ相談に行くだけで罵詈雑言を浴びせられ、挙句に「お前じゃ話にならん。上司を呼んでこい！」と怒鳴られるようなことも度々ありました。彼らは彼らで、自分の上司の局長に所掌外の答弁をさせたり部下に余計な仕事をさせたりしないために必死だったのでしょう。しかし、鈍感な私ですらそういう課に出向くのは気が重く、憂鬱で寝床から起きたくない、役所に行きたくないと思うような日もありました。

乱暴な指導が横行している職場はピリピリして雰囲気が暗く、職員は疲れ切っていました。逆に、雰囲気の明るい職場は風通しが良く、職員の士気も高くて良い仕事をしていました。実は、そうした対照的な職場の差は、ほんの些細なことなのです。上司が職員に対してほんの少し思いやりを示し、言葉にして口に出すだけで、雰囲気は大きく変わります。

防衛政策局の部員だった頃にお仕えした畠山局長は、私より20も年上の大先輩でしたが、議論の場では年次の差など全く感じさせず、常に自由闊達に議論させて下さいました。私もそういう気配り、思いやりができるようになりたいと真剣に考えていました。

また、防衛政策局次長として沖縄問題を担当した際には、取りまとめ役の瀧野欣彌《きんや》内閣官房副長官（事務担当）にお世話になりました。民主党政権が誕生し、政治家と官僚の間合いが変化し、政府内での仕事のやり方も大きく変わっていく難しい時期でした。そんな時期に先が見えない仕事で苦しんでいたわれわれにとって、官僚の最高位にありながら気さくに接して下さり、苦労を分かち合って頂いたことは、大きな支えとなりました。

「祝婚歌」に膝を打つ

官房での勤務を通じてポジティブ・コミュニケーションの技を身につけたことは既に紹介しましたが、思いがけないところで重要なヒントに出くわすこともありました。平和安全法案の国会審議がたけなわだった2015年6月に行われた息子の結婚式でのことでした。この日、新婦の恩師の先生が、私の郷里・山形出身の詩人、吉野弘さんが作った「祝婚歌」という素敵な詩を朗読して下さったのを聞いて、私は思わず膝を打ちました。感銘を受けたのは、詩の中の次の一節でした。

正しいことを言うときは
少しひかえめにするほうがいい
正しいことを言うときは
相手を傷つけやすいものだと
気付いているほうがいい

（吉野弘「祝婚歌」『二人が睦まじくいるためには』童話屋）

「祝婚歌」は、これから人生を一緒に歩んでいこうとしているカップルに理想の夫婦像を伝えようとしたものです。恋人との関係や夫婦関係を思い浮かべてみて下さい。彼氏や彼女、あるいは配偶者と口論になった時に、理路整然とグウの音も出ないほど言い負かされたとしたら、素直に相手の言う通りにしようと思うでしょうか?

人間は感情の動物だと言われる通り、私だったらたとえそれが正しい指摘だったとしてもなかなか素直に従おうという気にはなれません。相手に言うことを聞いてほしい時には、100パーセント相手を論破するのではなく7割8割くらいまで優勢になったところで攻撃の手を緩めることが大事です。そこまで行けば相手は自分で間違いに気がつき、名誉を保ったまま撤退することを考え始めます。最後まで相手を追い詰める必要はなく、自発的に撤退してもらえれば十分なのです。

仕事でも同じです。防衛省の政策を議員先生に説明している際に、誤解や勘違いのために疑問や異論を投げかけられたとします。そんな時、相手の誤りを理屈で徹底的に論破するのが適切な対応でしょうか。理詰めで相手を追い詰めるより、相手が自然に誤解や勘違いに気づくように配慮しながら会話を進める方が望ましいのではないでしょうか。ここで求められているのは論争して理屈で相手を屈服させることではなく、われわれの真意を丁寧に説明して、理解し共感し賛同してくれる人を一人でも多く獲得することだからです。

正しいことを言い募って相手を追い詰め過ぎると、相手を傷つけてしまい、望まない方向に追いやることになりかねません。相手の理解と共感を得ることと相手を論破することとは、天と地ほども違うのです。

もちろん、このような配慮を必要としない場面もあります。前に述べた事業仕分けのような場合には、心地よい雰囲気を作る必要など全くありません。「事業の必要性」対「無駄な経費の削減」という理屈対理屈の勝負を公開の場で行うというイベントですから、論理の強靭性が全てです。相手の立場を思いやるとか、相手の撤退をスマートに促すとかいう配慮とは無縁の勝負の場です。そんな場面では、遠慮なく正論を述べて反論の余地がないくらいに徹底的に論破すべきだと思います。

表から言うか、裏から言うか

これに関連して「表から言うか、裏から言うか」というポジティブ・コミュニケーションの技があります。これは、特に組織管理の面で威力を発揮します。

ある一つのことを伝えるには、必ず二通りの言い方があります。表からポジティブに言うこともできるし、裏からネガティブに言うこともできます。課長時代には「史上最強の運用課を目指そう」「史上最強の文書課だという自信を持とう」と部下を鼓舞していましたが、仮に「危機管理業務に失敗は許されない」とか「行事での失敗は命取りになりかねない」などと言っていたら部下は大きなプレッシャーを感じただろうと思います。

前者は相手に展望を示して励ます表現であるのに対し、後者は相手に危機感を持たせて追い込む表現です。伝える相手や状況によっては追い込む方が効果的な場合もありますが、私の経験からすると、大抵の人は展望を感じさせる前向きな言い方をされる方がやる気も元気も出るのではないかと感じます。

さらに気をつけなければならないのは、上司が部下の仕事に不満を感じた時の言葉遣いです。部下としては、「そんなこともできないのか」と叱られるよりも、「もっとこうできたらいいよね」と励まされる方が士気が上がるのではないでしょうか。語順と語尾を変えるだけで、相手に与える印象はガラリと変わります。「君のこの仕事は、これこれの詰めが足りないから不十分だ」と言うのと、「君のこの仕事は不十分だが、これこれを詰めれば良くなる」と言うのは、伝えている内容はほとんど同じなのに印象はまったく違います。

言葉には力があります。使い方次第で、相手を精神的に追い詰めてしまうこともあれば、相手にやる気を起こさせることもできるのです。

「祝婚歌」にある通り、「正しいことを言うとき」、つまり間違いを指摘したり仕事のやり方を指導したりする時には、相手を傷つけないよう少し控えめな言い方をするのが望ましいのです。組織を管理する立場の人間は、不必要に部下を追い込むのではなく、前向きな表からの言葉遣いをすることで相手を元気づけ、明るい展望を示すよう工夫する必要があると思います。

少年野球で知る「力の抜き方」

部下を指導する際に、もう一つ重要なポイントがあります。かつて私が育ったレトロな職場では、経験不足の部下に対して「お前、馬鹿だなあ」と平気で言うような人がたくさんいました。しかし、たとえ相手が部下だとしても「馬鹿だなあ」と言って苛立ちをぶつけるのは大変失礼な振る舞いだし、部下の指導としては何の意味もありません。上司は、たとえ苛立ちを覚えたとしてもそれを抑えて、部下に対して具体的なアドバイスをしてあげる必要があります。

この点については、息子の少年野球の手伝いをした経験が参考になりました。息子は小学4年生の頃から少年野球チームに属していて、私はどんなに忙しくても欠かさず週末の試合や練習の手伝いに行っていました。試合になると子どもたちは緊張して動きがぎこちなくなります。しばしば投手はストライクが入らなくなるのですが、そんな時コーチの大人たちのほぼ9割は「肩の力を抜けえ！」とアドバイスを送ります。

私も最初はそうでしたが、そのうちに「肩の力を抜け」と言われた子どもたちは本当にそうできるのだろうか、と疑問に思うようになりました。欠点を指摘して「直せ」というだけでなく、直すための具体的なアドバイスが必要なのではないかと感じたのです。

そんなことを考えていた時、守備位置に散った子どもたちにその場で小刻みなステップを繰り返させているチームに出くわしたのです。私は「これだ！」と思いました。そのチームは、ステップを繰り返すことで血行を促進して子どもたちの体をほぐし、動きやすくなるように仕向け、緊張による失敗を防ごうとしていたわけです。

子どもの野球も役所の仕事も同じです。上司は、単に部下の欠点を指摘するだけでなく、子どもたちにステップを踏ませるような具体的なアドバイスを送ることが大事です。

きゃりーぱみゅぱみゅで元気に

本書は仕事に関する内容が中心なので私が仕事一辺倒で過ごしてきたような印象を持たれるかも知れませんが、実は仕事以外の気分転換には人一倍積極的でした。元気を取り戻すためなら、人に迷惑をかけない限り手段は何でもありという主義で、私自身にとってそれは野球観戦とポップな音楽（鑑賞とカラオケ）、それに防衛省関係者以外との交遊、特に同郷の友人たちとの交流でした。

一杯やりながらのナイター観戦は、昭和の親父の定番です。内閣官房に勤務していた頃に組織された官民混合のトラキチ観戦秘密結社（?）「観虎会」は、何よりの気分転換の場でした。私が役所に在籍していた間にわれらが阪神タイガースが日本一になったのは一度だけ、リーグ制覇は二度、下克上が一度という微妙な成績でしたが、折々にセットされる球場や居酒屋における応援会合では仲間と一喜一憂しながら盛り上がり、つかの間仕事の憂さを忘れることができました。

ポップミュージックは、鑑賞するのもカラオケも大好きでした。役人人生の最終盤におけるマイブームは、きゃりーぱみゅぱみゅさんのダンスパフォーマンスでした。私が「きゃりーちゃんが好き」と言うとほとんどの人は引きますが、某新聞の論説委員だけは「俺は他人の趣味は絶対に冷やかさない」と言って平然と受け止めてくれました。「♪一度決められたこと　変えるのは難しい　だけどしょうがないと思ったら　それはそこで全て終わっちゃうよ」と歌う「でもでもまだまだ」という曲は、平和安全法案の国会審議で苦しんでいた時期に毎晩聴いて元気をもらっていました。

中学や高校の同窓生との交流は、殊の外大切にしていました。定期的に開かれる同窓会や恩師を囲む会、有志による郷土名物の「芋煮会」などは、災害対応や行事対応で参加できないこともありましたが、顔を出せば必ず心がリフレッシュされる貴重な機会でした。

忙しい時期は、職場の人間関係に閉じこめられて憂鬱な気分になりがちです。そんな時こそ職場から離れた交遊関係が大切だと感じます。

前にも触れた通り、仕事にストレスはつきものです。私自身、野球や音楽、それに旧友との会合でうまく気分転換ができなかったら、心身ともにストレスに押しつぶされていただろうと思います。職業人として歩んでいかれる若い人たちには、仕事から離れて気分転換する機会をうまく作ることでストレスを解消し、心身の健康を整え、また新たな気持ちで仕事に取り組んでほしいと思います。

国際情勢の大転換と自衛隊の対応の変化

防衛庁・防衛省に勤務している間に、少なくとも三つの極めて大きな国際構造の転換に遭遇しました。

一つ目は1989年11月のベルリンの壁の崩壊です。物心ついて以来ずっと二つのドイツが載っている世界地図になじんできた私にとって、ドイツの統一・東西冷戦の終結はまさに衝撃でした。これ以後、安定的な抑止構造は姿を消し、世界はポスト冷戦の流動期に入りました。

二つ目は2001年9月11日に発生した米国同時多発テロです。世界一の軍事力を誇る米国が、わずか数人のテロリストの自爆攻撃によって3千人もの犠牲者を出したのです。この事件は、従来の安全保障や国防の概念を根底から覆し、「テロとの闘い」が国際社会共通の課題となりました。

そして三つ目は2016年に相次いで起きたＢｒｅｘｉｔ（英国のＥＵ離脱）と米国大統領選におけるトランプ氏の勝利でした。これにより国際秩序の中心をなしてきた同盟政策と多国間主義が後退し、間隙を突いて権威主義国家の既存秩序に対する挑戦が勢いを増して今日に至っています。

防衛省は、こうした国際情勢の変遷に対して、その都度、防衛大綱や中期防の策定・見直しなどを行い、自衛隊の任務を拡大し、戦力組成を変化させるなどして対応してきました。また、日米同盟の信頼性の維持向上、同盟におけるわが国の責任の増大などを図って米国のコミットメント確保に努めるとともに、防衛交流や安全保障対話を通じて多国間主義の強化に努力してきました。

気がつけば、私が防衛庁の門をくぐってから既に40年が経ちました。昨今の情勢変化に対しては従来と同じような「平素は部隊の練成に努め、一朝《いっちょう》事ある時に即応する」という考え方ではもう対応できないのではないかと感じています。これまでのようにｏｎ／ｏｆｆがはっきりした活動ではなく、誤解を恐れずに言えば「常在戦場」的な活動が要求されているように思います。これは、例えば尖閣諸島を巡ってグレーゾーン状態が常態化していることや防衛省のホームページや各種システムが日常的にサイバー攻撃の脅威にさらされていることからも明らかです。

このような難しい状況に対応するためには、常に情報収集・分析を怠らず、政策決定権者と状況認識を共有し、適切なタイミングで選択肢を提供し、必要な命令を即座に得ることが必要不可欠です。不断の改善は必須だとしても、これらの業務に必要な制度や組織などの基本的なインフラは既に整備されています。これからは、こうしたインフラを最大限に活用して日々の事態に対応していくことが求められているのです。

第5章　南スーダンＰＫＯ日報問題

日報問題で辞任の意向を固め防衛省を後にする稲田朋美防衛相＝2017年７月27日（写真：朝日新聞社）

役人人生の最後の最後に、防衛事務次官として最大の失敗をし、それが原因で辞職することになりました。いわゆる、南スーダンPKO日報問題です。

南スーダンは2011年にスーダンから独立しました。その際、国連PKO部隊である国連南スーダン共和国ミッション（UNMISS）が設立され、自衛隊もこれに参加しました。しかし、その後も国内の民族間の派閥争いなどにより政情不安が続き、2016年7月には大統領派と副大統領派の間で大規模な武力衝突が発生し、自衛隊が宿営していた首都ジュバも緊迫した状況となりました。

問題となった日報は、派遣された部隊が派遣元の陸上自衛隊中央即応集団（CRF）に日々の状況などを伝えるために作成した報告資料です。武力衝突当時の現地の状況についても記述されているため、7月の衝突後に開示請求がなされました。いわゆる南スーダンPKO日報問題は、この情報公開請求に対して不適切な対応があった、というものでした。

本件は、時系列的にも内容的にもかなり複雑でややこしい事案です。多くの人たちが関わっており、一つの事柄でも関係者それぞれが違う方向から見ているため、受け止め方も異なるものと思います。このため事実関係の細部については、防衛監察本部が関係者多数からの聞き取りをまとめて2017年7月27日に公表した「特別防衛監察の結果について」（以下、「監察結果」と呼びます）に譲ります。

また、本章の目的は私自身の反省ですので、以下には自分が関与した場面について記述しますが、事案が発生してから既に4年が経過し、その間に私自身の記憶も上書きされている恐れもあります。このため、可能な限り監察結果の記述を忠実に引用しながら当時の私の思考や感情を思い起こし、何をなぜ間違えたのか、何を教訓・反省とすべきか等について整理してみたいと思います。

「個人データとして存在」の報告

2016年12月、統幕総括官から日報に関する最初の報告を受けました。内容は、10月に南スーダン派遣施設隊の日報の開示請求があったが、当該日報は用済み後破棄の取扱いであり既に存在しないため不開示とされた、これに対して自民党行革推進本部等から疑義が呈されているので再探索する、というものでした。「日報が用済み後破棄?」と軽い驚きは覚えたものの、ルール通り破棄されているか否かを確認するというだけの問題だと理解し、深刻な問題とは受け止めませんでした。

その後2017年1月27日、タイのバンコクで開かれていた防衛駐在官会議に出席していた時に、監察結果にある通り統幕総括官から国際電話を受け、探索中の日報が統幕にあることが判明したところ、陸自にも個人データとして存在していたことが確認された、両者の扱いをどうすべきか、と相談がありました。

私は日頃から役所の資料のうち興味ある部分だけ差し支えない範囲でコピーして保存し、講演などを行う際の参考にしていました。こうして作ったファイルを「個人データ」だと考えていたので、陸自に存在する個人データも様々な資料の断片をランダムに集めた私のファイルと同じようなものと受け止め、「陸自に存在する日報は、公表に耐えられる代物であるか不明である」(監察結果)との判断を統幕総括官に伝え、統幕に残っているきちんとしたデータで対応すればよい旨を指示しました。

バンコクから東京へ戻ってからは、直後の2月4日に予定されていたマティス米国防長官の初来日の準備に没頭し、日報のことはすっかり忘れていました。米国第一のトランプ政権誕生直後で同盟の行く末を心配する声が上がる中、マティス長官は日米同盟の重要性と日本の貢献を高く評価し、われわれの懸念は払しょくされました。日米防衛首脳会談が大成功に終わり、稲田朋美大臣以下関係者が一様にホッとした直後に、日報問題に火がつきました。

統幕で日報が見つかった旨を2月6日に自民党行革推進本部へ報告したところ、即座にそれがSNSにアップされ、マスコミが「不存在とされていた日報が実は存在していた」「組織的隠蔽か」とセンセーショナルにフォローし、野党も国会で追及を始めました。それでも、本件は実務的で単純な問題だと受け止めていたため、丁寧に説明すればそのうち批判もやむだろうと思っていました。しかし、その後も問題は沈静化せず、日報の中で使われていた「戦闘行為」という用語が不適切だとか、統幕における日報の保管状況に問題があるなどとして連日追及が続き、戦線が拡大していきました。

「理不尽な批判」への憤りと焦り

思いがけず問題が長引いて対応が後手に回り、様々なレベルで断続的に打合せが続く中、2月15日の朝に陸幕長から「CRF司令部の一部の端末に本件日報が保有されている状況、2月上旬まで陸幕及びCRF司令部の複数の端末に本件日報が保有されていた状況が確認されたこと」(監察結果)について報告を受けました。タイで受けた国際電話で個人データの件は聞いていたので、陸自に残っていたこと自体に驚きは感じませんでしたが、残っていた日報の数がずいぶん多いなと感じました。

他方この頃、私は日報問題に対する「理不尽な批判」に憤るとともに、問題の長期化に焦りを感じていました。7月の武力衝突が相当厳しい様相だったことは既に公知の事実となっていたこともあり、この時点で私は日報の意図的な隠蔽の可能性など想像もしていませんでした。このため、日報に関する一連の経緯が「破棄されずに残っていたものを見つけて公表し、情報公開法上の義務を果たしたのに、逆に隠蔽呼ばわりされている」という理不尽なものに見えていたのです。

加えて、既に公表から10日近く経って国会でも議論が進んでしまっており、日報の保管状況を詳しく調べ直す時間的余裕があるとは思えませんでした。なおかつ、当時は主に統幕が追及の矢面に立たされており、陸自の日報保管状況はさほど大きな論点にはなっていませんでした。そんな中でわざわざ陸自に残っていた日報について問題提起して更に議論を混乱させるのは避けたいと考えました。

このため、「防衛省として本件日報は公表していることから、情報公開法上は問題ない」（監察結果）とし、陸自に残っていた日報は個人データだと整理して対外説明する必要はないという方針を示しました。その後も国会で議論は続きましたが、そのうちに森友問題などが浮上し、いったんは追及が下火になりました。ところが、3月15日の夜に突如「陸自が一貫して日報を保管していたなどとする報道」（監察結果）が出ました。この報道を受けて大臣はすぐに特別防衛監察を実施すると決断され、監察が開始されました。

監察の過程で私自身も何度か聞き取り調査を受け、監察結果においては「陸自における本件日報の取扱いの状況を確認することにより、対外説明スタンスを変更する機会があったにも関わらず、陸自において本件日報は適切に取り扱われているとの対外説明スタンスを継続した」（監察結果）行為が職務遂行義務違反に当たると認定されました。これを受けて4日間の停職処分を受け、即日事務次官の職を辞することとなりました。事務次官が停職処分を受けて辞職したのは防衛庁・防衛省の全時代を通じておそらく史上初めてのケースだと思います。私の役人人生は、極めて不名誉な形で幕を閉じました。

一人で抱え込むミス、再び

懲戒処分の直接的な理由は2月15日朝の判断間違いでしたが、これには複数の原因があったものと思います。

第1に、日報を公表した直後に始まった報道や野党の「隠蔽キャンペーン」が予想外に長引いたことに苛立ちを感じ、強く反発し、冷静さを失ったことです。事態の収拾を急ぐあまり、目先の混乱回避を優先して事実の解明に目をつぶるという誤りを犯した結果、大臣は繰り返し国会で不正確な答弁をすることとなり、最終的に大臣を辞任に追い込むこととなってしまいました。

第2に、「個人データ」に関する思い込みです。タイで国際電話を受けた時点であれ2月15日に陸幕長から報告を受けた時点であれ、「個人データ」なるものの定義や内容、さらには保管状況等の実態を精査すべきでした。しかし、日報がルール通り破棄されていたかどうかという実務的で単純な問題だと見誤っていた上、「個人データ」という言葉から自分のファイルのようなものだろうと思い込んで問題視しなかったため、明示的に確認することを怠りました。

第3に、タイから帰国した後、間近に迫った日米防衛首脳会談に気をとられ過ぎてフォローを怠った上、問題がこじれてきても自分一人で処理しようと抱え込んだことです。官房などの関係部局を巻き込んで組織的に対応していれば判断ミスを防げたのかも知れません。13年前の2004年、防衛大綱を見直す「16大綱」の作業に集中し過ぎて中国原子力潜水艦に不意打ちされた挙句、自分一人で処理しようとして海警行動の発令が遅れてしまったのと同様の過ちでした。

第4に、日報という第1次資料を用済み後破棄扱いしていること自体の問題を十分に認識しなかったことです。12月に報告を受けた段階で、日報の取扱いに対して感じた違和感を深掘りするべきでしたが、問題意識が十分でなかったためそこまで踏み込むことができませんでした。

失敗の主因は謙虚さの欠如

監察結果では、私の知っていた2016年10月の開示請求に先立ち、7月に行われた同種の開示請求に対し陸自内で日報を巡る「不適切な対応」（監察結果）があったという新たな事実が明らかになりました。既に述べた通り「防衛省として本件日報は公表していることから、情報公開法上は問題ない」（監察結果）という点が私の大きなこだわりでした。ところが監察結果は、このこだわりこそが私の意に反して逆に隠蔽を生んでいたという皮肉な構図を浮き彫りにしました。

どの段階であれ陸自に保管されていた日報の状況を冷静かつ徹底的に調査していれば早期に実態が明らかになったはずなのに、感情的になってこれを拒んだことで、結果的には私自身も知らなかった7月の請求に対する陸自内での「不適切な対応」（監察結果）をも覆い隠すことにつながっていたわけです。

問題を過小評価した上に冷静さを失って判断を誤り、自ら問題を大きくした結果、大臣をはじめ多数の関係者に多大なご迷惑をおかけした上、防衛省に対する信頼をも大きく損ねてしまったことについては弁解の余地もありません。

あえて一言で総括すれば「謙虚さを欠いていた」ことがこの失敗の最大の原因だったように思います。一人で抱え込むということは、自分の能力に対する過信の裏返しです。また、いつの頃からか、議論の際に相手の主張に落ち着いて耳を傾けるよりも、自分が正しいと考えるところを強く主張することばかり考えるようになっていた気がします。

立場の如何にかかわらず、自らの正当性を強く主張し過ぎれば独善に陥ります。さらに、事務次官になって2年目ということで慣れと驕りもあったのかも知れません。部下に「どんどん反論してくれ」と言っておられた畠山先輩を目標としていたはずなのに、反論を許さないような独りよがりな態度で仕事をしていたのだとすれば、尊敬する先輩とは正反対の謙虚さを忘れた未熟な振る舞いをしていたことになります。

様々な意味で、大きな悔いの残る失敗でした。

あとがき

1980年夏、大学の最終学年だった私は、着慣れないスーツに身を包んで汗だくになりながら霞が関の官庁街を歩き回っていました。当時は国家公務員試験を受けている学生の官庁訪問が許されており、法律職で受験していた私もいくつかの省庁を訪問して就職活動を行っている真っ最中でした。

2020年の東京オリンピックは思いがけないコロナ禍によって延期されましたが、ちょうど40年前のこの年に予定されていたモスクワオリンピックは政治的問題に翻弄されていました。前年12月に当時のソ連が親ソ政権を支援するためアフガニスタンに侵攻し、これに反発した西側各国がその年のモスクワオリンピックをボイコットしたのです。わが国も、西側陣営の一員として他国と足並みをそろえて五輪不参加を決定していました。

国家公務員試験の最終関門の面接試験では「日本政府のモスクワ五輪ボイコット政策をどう考えるか」と質問されました。「選手が無念の想いを抱くのは理解するが、国としてはやむを得ない判断だったのではないか」というような無難な答えを返した記憶がありま す。こうした時代背景の下、私は霞が関ならぬ六本木に当時あった防衛庁（防衛省の前身）を何度か訪問し、何人かの先輩職員との面接を経て、縁あって内々定をいただきました。

しかし、父が私の防衛庁入庁に強く反対したのです。大正15年生まれの父は、自らの中学・高校時代を太平洋戦争の中で過ごしたいわゆる戦中派でした。父自身が戦地に赴いたことはありませんでしたが、徴兵された先輩も多く、戦時中の自由が制約された苦しい生活を経験したことから戦争や旧軍に対して強烈な反感を抱いていました。

父は「お前が自分自身の命を懸ける自衛官になろうというのなら百歩譲って理解するが、文官になって他人を戦争に送り込むような仕事をするのは絶対に許さない」と言い出しました。何の進展もないまま10月1日を迎え、防衛庁から正式の採用内定をもらいました。その晩、父から電話があり、「お前とはもう一切関係ない。二度と実家の敷居をまたぐな」と言い渡されました。いささか古風な言い方をすれば勘当です。

そもそも父親の頑なな反対を押し切ってまで防衛庁を選んだのは、自分の「天邪鬼」な性格のためだったように思います。当時国家公務員を目指す学生の間で人気があったのは、現在と同様、大蔵省や通産省でした。自治省や厚生省などにはそれぞれの行政分野に高い問題意識を持った学生が集まっていました。そんな中で防衛庁は、お世辞にも人気官庁とは言えませんでした。

終戦から既に35年経っていたとはいえ私の父のような反戦感情を持つ人はまだ多かったし、戦争放棄・戦力不保持を宣言した日本国憲法の下で自衛隊はまだまだ社会的に微妙な存在でした。多くの人たちが内心では国にとって必要な仕事だと認めながらも自らはそれにくみしない、日本社会にそんな雰囲気が色濃くあったような気がします。当時の私の中には、格好をつけて言えば「必要な仕事なのに誰も進んでやろうとしないのなら、自分がやってやろう」というような気分がありました。

振り返れば私の役人人生は、父親の説得に失敗したところから始まり、数限りない失敗の集大成ともいえる南スーダンＰＫＯ日報問題で終わりを告げました。思い描いていたような終わり方ではありませんでしたが、それによってたくさんの方々に支えられた役人人生だったことに改めて気づかされました。そうした絆の一つ一つが、失敗だらけだった自分の役人人生で得られた貴重な宝物です。最後に大失敗を犯しましたが、父親に勘当されながら防衛省で仕事をしてきたのは正しい選択だったと感じています。

辞職した後、当時防衛大学校長を務めておられた國分良成《こくぶんりょうせい》先生から「もう一度人生を送れるとしたらどんな職業を選ぶか」と問われました。その時は即答できませんでしたが、考え抜いた末にたどり着いた結論は「やはり防衛省の役人を選ぶ」でした。

国民の生命を守る仕事は重い責任を伴うし、常に緊張を強いられますが、人生を懸ける価値があると思います。困難に直面したことも数多くあったし、失敗もたくさんしましたが、その都度防衛省はもちろん他省庁や国会、さらには民間を含めて多くの方々の助けを借りながら切り抜けてきました。振り返れば、充実した役人人生だったと感じます。

昨今公務員は不人気だと言われますが、官庁ではたくさんの職員が知恵と力を集めて様々な公益の実現に努力しています。志ある若い人たちがこうしたやりがいに満ちた仕事に参加してくれたら嬉しく思います。

南スーダンPKO日報問題で少なからず世の中を騒がせたこともあり、辞職後にはご縁のあった方々から数えきれないほどの心配や労い、さらには励ましを頂きました。國分学校長から届いたメールや、辞職直後に入院した自衛隊中央病院の千先《せんさき》康二院長（当時）から頂いた労いの言葉、小泉官邸でともに苦労した官邸連絡室や秘書官付室の面々からの温かい励ましなどは、思い出し、読み返すたびに涙が出ます。

事情があって辞職後半年間ほど、故郷山形の妻の実家で過ごしたのですが、その間思いがけずたくさんのお客様がありました。外務省のある大使は、一時帰国の際にわざわざ訪ねてこられて、地元の居酒屋で一晩痛飲しました。安危室で一緒に働いた警察庁や防衛省、外務省の若手の人たちも東京やパリ（!）から駆けつけてくれました。結婚の報告に来てくれた後輩カップルもいました。彼ら、彼女らは、みんな私の大切な戦友でした。

妻の実家は西蔵王高原にほど近く、40年ぶりに美しい自然を満喫することができました。また、帰郷当初は私の方が身構えていましたが、辞職のいきさつを心配してくれていた中学や高校の同窓生たちは時間をかけて私の心を解きほぐしてくれました。退官直後には積み重なったストレスで体調を崩して入院するほど心身ともに疲れきっていたのですが、故郷の自然と旧友たちはそんな疲れをいつの間にか洗い流してくれました。

私を支えてくれた多くの人たちの中で、最も近くで最後まで一緒に戦ってくれたのが最強の次官室チームでした。この連載では、公知の方々以外は原則として個人名の記載は避けてきましたが、チームメンバーだけは実名を挙げて感謝させて頂きたいと思います。

官房長時代から支え続けてくれた渡辺君は、私の息子と同い年という若さにもかかわらず、いつも先を読んでサブもロジもパーフェクトにこなしてくれるスーパー秘書官でした。

秘書の陣内さんは、防衛政策局次長の頃から私のキャリアの中で最も多忙だった6年間を「笑顔とお菓子は絶やさない」という申し合わせ通りいつもにこやかに支え続けてくれました。最後の日に花束を渡してくれた時だけは、笑顔ではなく涙顔でしたが。

海上自衛隊からは、次官副官として二人の女性自衛官を派遣して頂きました。1年目に副官を務めてくれた重見（旧姓）一尉は武器の専門家で、観艦式の展示訓練で海上に漂う火薬の香りに「懐かしい」とつぶやくのを聞いてびっくりしました。

2年目は、特殊言語に精通し北朝鮮のミサイル等の情報に詳しい佐藤一尉が副官で、休日に北朝鮮がミサイルを発射した時には、美容室を途中にして駆けつけてくれました。

国会担当審議官の頃からドライバーを務めてくれた清水さんの優しい安全運転は、官用車を貴重な休息の場にしてくれました。東日本大震災が発災した瞬間は、ちょうど清水さんの運転する車で横須賀に向かっていたところで、大渋滞の中を10時間以上かけて市ヶ谷の本省まで一緒に戻ってきたことは決して忘れられない思い出です。

このチームと一緒に仕事ができたのは、私にとって最大の喜びであり誇りです。

自分を支えてくれたという意味で忘れてはならないのが家族です。

辞める直前の1週間ほどは、南スーダンPKO日報問題がテレビのワイドショーで頻繁に取り上げられました。当然批判的な報道内容なので、そんなものを見ていたら気が滅入ると思うのですが、妻はそれらのワイドショーをはしごして、私が帰宅すると毎晩仔細に報告してくれました。ある日、「今日のワイドショーでデーモン閣下があなたのことを『黒江さん』ってさんづけしてたわよ！」とうれしそうに報告してくれたのは忘れられません。

その妻は、「あのまま次官を続けていたら、あなた絶対に体を壊していたわよ」と言って、私が役所を辞めたのを本心から喜んでいました。

息子と娘はそれぞれ独立し、私が現役でいるうちに孫たちの顔まで見せてくれました。自分は家庭のことをあまり心配することなく、最後まで仕事に集中することができました。家族には心配をかけ続けたことを詫びるとともに、支え続けてくれたことにあらためて感謝したいと思います。

また、この場を借りてこれまでご迷惑をおかけしてきた人々にお詫びし、お世話になった皆様に感謝の意をお伝えするとともに、失敗談に最後までお付き合い下さった読者の方々に厚く御礼を申し上げます。

最後になりましたが、拙稿を発表する機会を与えてくれた「市ヶ谷台論壇」関係者各位、論座サイトへの転載と書籍化を後押しするとともに率直なコメントを下さった藤田直央・朝日新聞編集委員、そして、とりとめのない拙文の編集に多大な苦労を払って下さった宇都宮健太朗・朝日新書編集長に深く感謝申し上げます。
ありがとうございました。

2022年1月

黒江哲郎

解説

藤田直央（編者・朝日新聞編集委員）

この本のもとになった黒江哲郎さんの連載「失敗だらけの役人人生」は２０２０年12月、元防衛官僚を中心に作るサイト「市ヶ谷台論壇」で始まりました。タイトルを見て思い出したのは、防衛省「背広組」トップの事務次官ご在任中、気さくに語られていた話です。「進めたい案件を政治家に説明する時に、『ですから』という言葉を使うとたんに不機嫌になる。こういうちょっとしたことを知っておけばしなくて済んだ失敗が僕にはたくさんあって、後輩たちに伝えたいと思ってるんです」

政治や外交・安全保障を取材してきた私は興味深く聞いていましたが、それがこの連載になったのだと気づきました。しかも37年にわたる「役人人生」の回顧へと話は広がっており、冷戦期から今日に至る時代を映す証言が盛りだくさんの予感もしました。

ぜひ朝日新聞の論考サイト「論座」への転載をご相談しようと思い立ったのですが、心配したのが南スーダンＰＫＯ日報問題でした。黒江さんが辞任に追い込まれたこの件を思い出すのは辛いでしょうが、連載できちんと触れられるのか……。

年が明けて電話で尋ねると、「はい。できるだけ向き合おうと思います」とおっしゃいました。その覚悟に感銘を受け、市ヶ谷台論壇のご了解を得て、2月からの論座への29回にわたる転載と、それをまとめた今回の出版のお手伝いをさせていただいた次第です。

論座の連載では毎回、末尾にコメントを添えました。14年も若輩ながら時に辛辣でしたが、黒江さんにご寛恕いただきました。その中から、実際に取材したいくつかの出来事について述べたものを再掲し、この本の解説としたいと思います。

黒江さんは、防衛庁が六本木界隈にあった頃から防衛政策と組織運営の中枢に関わってこられました。そのお話に記者の立場から光を当てることで、ご経験の貴重さや残る課題について、読者のご理解に少しでも役立てれば幸いです。

イラク派遣の出口戦略（p123～）

日本の安全保障政策にとって2006年は節目の年でした。在任5年になる小泉純一郎首相は9月の自民党総裁選に出馬せず退陣予定でしたが、イラク戦争後の復興支援で03年末からサマワに派遣していた陸上自衛隊を在任中に撤収させようとしていました。首相官邸記者クラブにいた私は出口戦略を日々取材しましたが、黒江さんが3月に現地入りしていたという調査チームの話には驚きました。過去の弊紙記事にも出てきません。

官邸幹部らの口は当時重く、それは部隊が撤収時に狙われやすいという一般論からだけではありませんでした。米国主導の多国籍軍はフセイン政権を倒した後、新政権が円滑に発足するよう統治を担っていましたが、イスラム教宗派間の武力衝突が続き緊迫が続いていました。ある幹部は「日本だけ『いち抜けた』というわけにはいかない」とよく語りましたが、それが今回の黒江さんの回顧でよくわかりました。ただ、妥協案としてサマワ以外での「再展開」が検討され、その候補地に挙がったバスラを視察するための調査チームを派遣していたとは……。

サマワのあるムサンナ県には英、豪も軍を派遣しており、日本とともに撤収時期を探っていました。バスラにも駐留していた英軍が黒江さんの視察に協力したことと関係がありそうです。撤収といえば2021年8月、イラク戦争と同じ米国主導の「テロとの戦い」でアフガニスタンに駐留してきた米軍の撤収期限が迫る中、20年前に米国に政権から追われたタリバンが復権。その難しさを改めて思いました。

黒江さんの視察から2カ月後の2006年5月にはイラクで新政権が発足し、6月にムサンナ県の治安権限を多国籍軍から引き継ぐと発表。すかさず小泉首相は陸自撤収を表明し「再展開」は消えました。官邸の緊張が和らぐかと思いきや、北朝鮮が7月5日にミサイル7発を日本海へ発射。中東での「テロとの戦い」から一転、眼前の危機への対応を迫られます。この時に仕切ったのが官房長官の安倍晋三氏。9月に後継首相となるや今度は北朝鮮による初の核実験がありました。03年にイラクに大量破壊兵器（WMD）があるとして米国が先制攻撃をした時、小泉首相は北朝鮮のWMDに対応するためにも日米同盟は重要だとして支持。イラクのWMDは結局見つからず日本外交に禍根を残しますが、北朝鮮の脅威はこの後どんどんリアルになり、今日に至ります。

防衛庁の省昇格（p127～）

1954年発足の防衛庁・自衛隊にとって大きな節目となった、2007年の防衛省への昇格。全国に散らばる関連組織がいかに政治家を動かしたかや、かつて私が「番記者」として追いかけた久間章生・初代防衛相の喜びようなど興味は尽きませんが、二人の人物に絞って書きます。

まず、その後に自民党幹事長となった二階俊博氏。2001年の省庁再編で省になり損ねた防衛庁が巻き返したきっかけが、二階氏がかつて幹部だった保守党からの省昇格法案提出だったという指摘にはっとさせられました。弊紙の過去記事を探すと、二階氏はその翌年の訪米で知日派のアーミテージ国務副長官から省昇格への賛同を得たり、自民党に移って国会対策委員長になると06年に閣議決定された省昇格法案の審議入りを主導したりと、節目で重要な動きをしています。

法案成立には同年の北朝鮮のミサイル連射や初の核実験も追い風となりましたが、二階氏が自民党幹事長となった16年ごろも北朝鮮の核・ミサイル問題が緊迫していました。自民党の会合で政府の対応が遅いとして「防衛庁の姿が見えない」と苦言する様が、本書の「防衛庁の昇格キャンペーンの手が少しでも緩むと……」という描写とぴたっと重なりました。

そして守屋武昌氏。異名を持つ防衛事務次官では政策通の「ミスター防衛庁」西廣整輝氏がいますが、もう一人がその対極で、剛腕で難題に挑み続けた「天皇」守屋氏です。在任は異例の4年。省昇格法案が成立した2006年の動画「防衛庁記録」では組織改革を雄弁に語ります。防衛庁（省）が毎年作るこの活動記録はYouTubeで見られますが、こんな出方をする次官は他にいません。

政界や官邸とのパイプも生かし政策や人事を推し進めた末、07年の退官直後に在任中の収賄事件で逮捕され、有罪が確定。思うに、守屋氏は政策決定ライン中枢の防衛局長となった02年以降、イラク戦争やミサイル防衛、普天間移設など政権の重大案件への対応を次々と仕切る中で、自我が拡大してしまったのではないでしょうか。かつての部下が嘆いた、「守屋さんは妖怪になってしまった」という言葉が忘れられません。

両極端のマスコミ対応（p167～）

そもそもこれが黒江さんから防衛省の後輩へのメッセージであることをふまえて読むと、自衛隊という実力組織を管理する防衛省の側の、マスコミに対する「攻め」と「守り」が垣間見えて興味深いです。記者の側から思うことはいろいろありますが、仲間や取材先に迷惑をかけてはいけないので、黒江さんが悩んだ「リーク」の件に絞って、私の古い体験から思うところを少し述べます。

20年前になりますが今も忘れられないのは、ある外務省幹部が語った「リークってのは、意図を持ってやるんだよ」という言葉です。当時外務省は田中真紀子外相と官僚らとの対立で大混乱し、非公開の場での外相の言動が様々に報じられ、田中外相は官僚によるリークではないかと批判しました。それに対しこの幹部は、ドタバタの内幕が漏れる組織の緩みを嘆く一方、リークとはそんな低レベルのものではなく、メディアに書かせて外交を有利に運ぶ手段だと述べたのです。

防衛省幹部だった黒江さんは組織の緩みから来るリークを危ぶみますが、私はこうした組織的・意図的なリークを見極めて脇を締める記者でありたいと思っています。何らかの問題の重大さを世に訴えようと報道するのですから、インパクトのある特ダネにはこだわりたい。ただその際にリークの主に、特ダネを追う記者心理につけ込まれていないかどうか。特に外交や防衛という国家の行方を左右する分野では吟味が必要です。それを怠ってリークを垂れ流すことがないよう自戒の日々です。

中国軍艦がレーダー照射（p184〜）

防衛庁に入り19年目で課長となった黒江さんが、32年目で局長となった翌2013年、中国軍艦による射撃レーダー照射事件が起きました。民主党政権が尖閣諸島を国有化した前年以来の緊張の中、政権交代で安倍内閣が発足して早々に発覚し、私は外交・防衛担当キャップとして取材現場にいたので記憶に鮮明です。

海上自衛隊の護衛艦へのレーダー照射は1月30日にありましたが、この公表がなぜ2月5日、しかも海自ヘリに対する1月19日の「疑われる事案」とセットだったのか。当時ももやもやが残りましたが、担当局長だった黒江さんの説明で整理されました。ヘリの件は速やかに首相まで報告されたが、射撃レーダーとは断言できないという分析が出て公表ストップ。そうこうするうちに護衛艦の件が起きたので慎重を期し、射撃レーダーとの分析が出てから首相に報告し、あわせて公表されたという流れでした。

こうした「速報性と付加価値のバランス」には、報道にあたる記者の私もいつも悩みます。ただ、護衛艦の件は中国がヘリの件から行動をエスカレートさせた可能性があり、日本の新政権の対中政策を左右しかねない情報なので、ヘリの件同様に早めに首相や防衛相に上げるべきだったと思います。政府全体での検討が遅れるうちにさらなるレーダー照射が起きていたら、より現場の緊張は高まり、国民への説明は難しくなったかと。もちろん判断を政治家に丸投げするのでなく、情報の確度まで丁寧に説明した上で委ねることで、文民統制が鍛えられるのではないでしょうか。

平和安全法制（p194～）

２０１５年の制定時に国論を二分した安全保障法制については、異論があります。お気づきかもしれませんが、黒江さんが政府の呼称に沿って平和安全法制と呼ぶ一連の法律を、私は安保法制と呼びます。法案審議の国会答弁で黒江さんは担当局長として苦労されましたが、私には政府の主張を額面通りには受け取れないという思いが今もあります。

いざという時に自衛隊を動かすための有事法制と安保法制をそれぞれ制定する「決断」をした小泉首相と安倍首相について、黒江さんはともに評価しますが、私は安倍首相を評価しません。それは、統治する側も法秩序に従う「法の支配」の精神においてです。従来想定されてきた自衛隊の活動と国民生活の関係を律する有事法制が法の支配に沿うのに対し、安保法制は自衛隊の活動をより大きく広げるにもかかわらず、立法過程は法の支配に反していました。悪化する日本の安全保障環境に自衛隊が対応する選択肢が安保法制によって増えたことは確かですが、代償として法の支配に禍根を残したのです。

法の支配における禍根とは、2014年の閣議決定で集団的自衛権の行使を「現在の安全保障環境に照らして慎重に検討した結果」として限定的に認め、安保法制に反映させたことです。従来は1972年の政府見解にあるように、「戦力不保持」を掲げる憲法9条により自衛のため必要最小限度の武力行使が許され、自国を守る個別的自衛権の行使はいいが他国を守る集団的自衛権の行使はだめというものでした。

安倍首相の主張はそうではなく、必要最小限度に含まれる集団的自衛権の行使があるはずだというものでした。その理由として「わが国が自国の平和と安全を維持し、その存立を全うするために必要な自衛のための措置をとりうることは、国家固有の権能の行使として当然」とした1959年の最高裁の砂川事件判決を持ち出しました。

しかし、この裁判で争点になったのは憲法9条の下で米軍駐留が認められるかどうかであり、判決では、高度に政治的な問題として判断を避けた上で、前提として日本は自衛権を行使できると述べているだけです。自衛隊発足間もない当時、この判決が他国を守る集団的自衛権の行使を認めたとする理解はほとんどなく、政府自身もその後1972年に集団的自衛権の行使を認めない政府見解に至ります。

その憲法解釈が長く続く中で多くの法律や政策が作られてきたのに、後世の首相がそれに先立つ判決を独自に解釈して憲法解釈を変えるなら、法の支配はありえません。本来は改憲発議で国民に問うべきでした。黒江さんは第2次安倍政権でのこの憲法解釈に違和感はなかったと記しますが、第1次安倍政権で感じたという戸惑いの方に私は共感します。

それから安保法制の必要性についても、日本の安全保障環境が悪化したとはいえ、憲法解釈をかように強引に変えてまで集団的自衛権の行使を認めてこうした法律を作らないと対応できないのか、政府の説明ははなはだ不十分でした。

安倍首相が有識者に議論を求めた4類型の中には米艦防護など、安保法制で結局は集団的自衛権と関係なく立法されたものもあります。また、中東からの原油輸入は死活的なのでホルムズ海峡に機雷がまかれれば集団的自衛権の行使により掃海できるという説明も、首相は法案審議で「現在は想定してない」と答弁。一方で最近日米両政府が懸念を訴え始めた台湾有事では集団的自衛権の行使が十分ありえるのに、法案審議では政府は答弁を避け続けました。国民に必要性とリスクを誠実に語らない「決断」は危険です。

南スーダンPKO日報問題（p235～）

黒江さんが役人人生の最後で渦中の人となった南スーダンPKO日報問題は、私も現場で取材に追われました。国民の情報公開請求に対する隠蔽と、事後処理をめぐる混乱が防衛省・自衛隊を揺るがしました。その責任を取って、稲田朋美防衛相、「背広組」トップの黒江防衛事務次官、「制服組」で陸上自衛隊トップの岡部俊哉・陸上幕僚長がそろって辞任するという前代未聞の事態となりました。

２０１７年夏の辞任にあたり、防衛相と陸幕長には定例記者会見がありましたが、事務次官にそうした場はなく、黒江さんは黙って防衛省を去りました。ゆえにこの回顧は、あの事件に「背広組」トップとして関わった人物の証言として貴重です。

黒江さんの判断でまさに分岐点だったと感じたのは、「個人データ」への対処です。情報公開請求に対し、陸自が当初「不存在」としていた文書が「個人データ」として見つかったという報告を受けても、黒江さんは自身もよくやる参考資料としてのコピー程度で開示対象ではないと考え、また、該当文書は陸自とは別の部署でその後に見つかったものを開示することにしたからいいではないか、と思ってしまったのでした。

防衛省・自衛隊でのこうしたご都合主義的な「個人データ」の扱いが諸悪の根源でした。

元はと言えば、陸自で日報を管理する中央即応集団（CRF）が公開請求に応じたくないため「個人資料」とごまかし、それが対象文書を「不存在」とした防衛省の回答につながっていたのです。さらに陸自では辻褄を合わせるため公開請求を受けた後に日報を破棄。陸自の「個人データ」報告を了とした黒江さんは、この隠蔽に気づけませんでした。

黒江さんは率直に、「事態の収拾を急ぐあまり、目先の混乱回避を優先して事実の解明に目をつぶるという誤り」を認めています。それでも私は、組織防衛の観点を超えて、さらに踏み込んだ反省をお願いしたい。「個人データ」という言葉を乱用して公文書を「不存在」にすることは、「国民の的確な理解と批判の下にある公正で民主的な行政の推進に資することを目的とする」という情報公開法の趣旨に真っ向から反するからです。

しかもこの日報は防衛省の特別防衛監察によれば、防衛省・自衛隊で計218人（うち陸自207人）が持っていました。組織内でそれほど多くの職員に必要であり、かつ秘匿度の高い文書であれば、原本を長期保存し、複写状況を管理し、公開請求に対しては文書の存在を認めて開示範囲を検討すべきなのです。原本を破棄したと説明しながら同じ中身の「個人データ」を多くの職員が持つことは、組織的な情報公開逃れとすら言えます。

黒江さんの退官から10日ほど後、東京・目黒の陸自幹部学校で開かれた「陸自フォーラム」の主催者あいさつで、陸幕防衛部長の言葉に私は驚きました。「陸自が隠蔽組織ではという報道もあったが、そういうところは一切ない」と語ったのです。防衛部長は、直後の私の取材に「監察結果を詳細に読まず発言した。詳細に読み、真摯に受け止める」と述べ、稲田氏の後任の小野寺五典防衛相から「自衛隊への信頼回復が重要な時期に誠に残念」として注意喚起をされました。

その防衛部長が21年3月に司令官となったのが、陸自創設以来の組織改革で4年前にできた陸上総隊です。日報問題の震源地だったCRFが前身で、任務としてPKOを引き継いだだけでなく、大規模災害や南西諸島防衛などで海自や空自、米軍と連携する陸自の要です。防衛省・自衛隊は日報問題を教訓として情報公開への意識を高め、ますます増える任務と両立させ、発足から68年かけて高めた信頼を保てるのか。注視を続けます。

縷々述べましたが、こうしてジャーナリストとして提起ができるのも、「失敗だらけの役人人生」を共有していただいた黒江さんのおかげです。波瀾万丈の37年間を振り返るにあたり、辛さはぐっと飲み込み、常にユーモアを忘れず、明るく穏やかに振る舞われる姿勢にも学ばせていただきました。

ありがとうございました。そして、本当にお疲れ様でした。

（2022年1月）

関連年表

西暦	月	国際情勢	国内および自衛隊関係
1976	10		初の防衛計画の大綱（51大綱）決定
1977	8		防衛庁、有事法制研究を開始
1978	8		日中平和友好条約に署名
	11		日米防衛協力のための指針（ガイドライン）策定
1979	12	ソ連、アフガニスタン侵攻	
1983	9	ソ連、大韓航空機を撃墜	
1989	1		昭和天皇逝去。元号が平成へ
	6	中国で天安門事件	
	11	ベルリンの壁崩壊	
	12	冷戦終結	
1990	8	イラク、クウェート侵攻	
1991	1	湾岸戦争開始	
	4		湾岸戦争後の機雷掃海に海自派遣
	12	ソ連崩壊	
1992	6		国連平和維持活動（ＰＫＯ）協力法成立
	9		カンボジアＰＫＯに陸自派遣

1993		北朝鮮核危機（〜94）	
1995	1		阪神淡路大震災で災害派遣
	3		地下鉄サリン事件で災害派遣
	9		在沖縄米海兵隊員らによる少女暴行事件
	11		防衛大綱（07大綱）決定
		台湾海峡危機（〜96）	
1996	4		米軍普天間飛行場返還で日米合意
1997	1		防衛庁に情報本部設置
	9		日米ガイドライン改定
1999	3		能登半島沖不審船事件で海上警備行動
	5		周辺事態安全確保法成立
2000	5	プーチン露大統領就任	防衛庁、六本木から市ヶ谷へ移転
2001	9	米国で同時多発テロ	
	10	アフガニスタン戦争開始	
	11		インド洋での多国籍軍への給油に海自派遣
2003	3	イラク戦争開始	
	6		事態対処法制が成立
	12		イラク戦争後の復興支援に自衛隊派遣
2004	11		領海での中国原潜潜航事件で海上警備行動

2004	12		防衛大綱（16大綱）決定
2006	5		米軍普天間飛行場の辺野古移設で日米合意
	6		イラクからの陸自撤収決定
	7	北朝鮮が日本海へミサイル7発発射	
	10	北朝鮮が初の核実験	
2007	1		防衛庁から防衛省に昇格
2009	1	オバマ米大統領就任	
	3		ソマリア沖の海賊対処に海自派遣
	9		自民党から民主党へ政権交代
2010	6		鳩山内閣が「普天間県外移設」断念で退陣
	12		防衛大綱（22大綱）決定
2011	3		東日本大震災で災害派遣
		北朝鮮の指導者が金正日死去で金正恩に	
2012	1		南スーダンPKOに陸自部隊派遣
	9		日本政府が尖閣諸島国有化決定
	11	習近平・中国共産党総書記就任	
	12		民主党から自民党へ政権交代
2013	1		中国軍艦が海自艦に火器管制レーダー照射
	11	中国が「東シナ海防空識別区」設定を表明	

	12		国家安全保障会議（NSC）発足
			特定秘密保護法成立
			防衛大綱（25大綱）決定
2014	3	ロシア、クリミア併合	
	6	ISIL、「イスラム国」樹立宣言	
	7		集団的自衛権の限定的行使容認を閣議決定
2015	4		日米ガイドライン改定
	9		安全保障法制成立
2016	11		日韓秘密軍事情報保護協定に署名
	12	中国軍空母の太平洋進出を初確認	
2017	1	トランプ米大統領就任	
	7		南スーダンPKO日報問題で稲田防衛相ら辞任
2018	3		陸自の陸上総隊と水陸機動団新編
	12		防衛大綱（30大綱）決定
2019	5		元号が平成から令和へ
2020			コロナ感染拡大防止で各地へ災害派遣
2021	1	バイデン米大統領就任	
	4	日米首脳会談の共同声明で台湾問題に言及	

防衛省・自衛隊組織図（2021年3月31日現在）

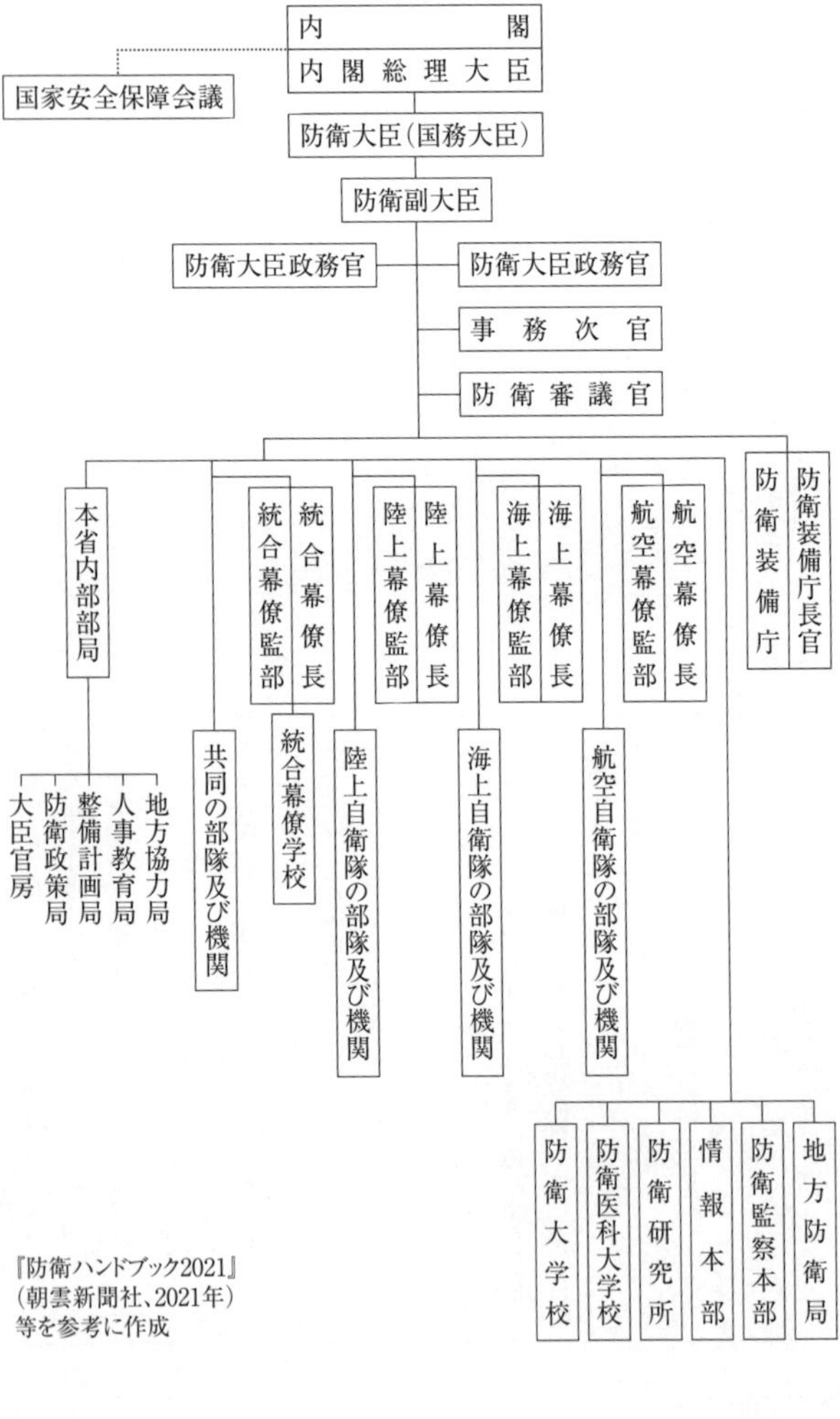

『防衛ハンドブック2021』
（朝雲新聞社、2021年）
等を参考に作成

黒江哲郎 くろえ・てつろう

1958年山形県生まれ。東京大学法学部卒業。1981年、防衛庁（当時）入庁。防衛政策局次長、運用企画局長、大臣官房長、防衛政策局長などを経て、2015年、防衛事務次官に就任。2017年7月、辞職。同年10月、国家安全保障局国家安全保障参与に就任。2018年1月より三井住友海上火災保険顧問。

［編者］藤田直央 ふじた・なおたか

1972年京都府生まれ。京都大学法学部卒業。朝日新聞入社後、政治部、米ハーバード大学客員研究員、那覇総局などを経て編集委員（日本政治・外交・安全保障）、法政大学兼任講師。著書に『エスカレーション　北朝鮮vs.安保理四半世紀の攻防』（岩波書店）、『ナショナリズムを陶冶する』（朝日新聞出版）。

朝日新書
850

防衛《ぼうえい》事務《じむ》次官《じかん》 冷《ひ》や汗《あせ》日記《にっき》

失敗だらけの役人人生

2022年1月30日第1刷発行

著　者　黒江哲郎
編　者　藤田直央

発行者　三宮博信
カバーデザイン　アンスガー・フォルマー　田嶋佳子
印刷所　凸版印刷株式会社
発行所　朝日新聞出版
〒104-8011　東京都中央区築地5-3-2
電話　03-5541-8832（編集）
　　　03-5540-7793（販売）

Published in Japan by Asahi Shimbun Publications Inc.
ISBN 978-4-02-295154-0
定価はカバーに表示してあります。

落丁・乱丁の場合は弊社業務部（電話03-5540-7800）へご連絡ください。
送料弊社負担にてお取り替えいたします。

JASRAC　出　2110398-101

朝日新書

死者と霊性の哲学
ポスト近代を生き抜く仏教と神智学の智慧

末木文美士

「近代の終焉」後、長く混迷の時代が続いている。従来の思想史や哲学史では見逃されてきた「死者」と「霊性」という問題こそ、日本の思想で重要な役割を果たしている。19世紀以降展開されてきた神智学の系譜にさかのぼり、仏教学の第一人者が「希望の原理」を探る。

宇宙は数式でできている
なぜ世界は物理法則に支配されているのか

須藤　靖

なぜ宇宙は、人間たちが作った理論にこれほど従っているのか？　ブラックホールから重力波まで「数学的な解にしかすぎない」と思われたものが、技術の発展によって続々と確認されている。神が仕組んだとしか思えない法則の数々と研究者たちの探究の営みを紹介する。

防衛事務次官　冷や汗日記
失敗だらけの役人人生

黒江哲郎

防衛省「背広組」トップ、防衛事務次官。2015年から17年まで事務次官を務め南スーダンPKO日報問題で辞任した著者が「失敗だらけの役人人生」を振り返る。自衛隊のイラク派遣、防衛庁の省昇格、安全保障法制などの知られざる舞台裏を語る。